LA CUISINE
TU

net
books

2015

Publié et distribué por:
NET TURİSTİK YAYINLAR SAN. VE TİC. A.Ş.

+90 212 985 09 99
pazarlama@netyayin.com.tr
www.netyayin.com.tr

Sertifika no: 11257

Texte : İnci Kut

Imprimé en Turquie par : Asır Matbaacılık A.Ş.

ISBN 979-975-479-660-4

2015

Baskı ve Cilt:

Doğa Basım
Turgut Özal Caddesi Çelik Yenal İş Merkezi
No:117 2A / 2B İkitelli / İstanbul / TURQUIE
Tel: +90 212 407 0 900 (pbx) Faks: +90 212 407 0 902
Sertifika No:25642

Table Des Matieres

TABLE DES MATIERES

La Cuisine Turque

L'art culinaire en Turquie comprend une grande variété de plats délicieux lesquels sont un mélange de délicatesses variées, héritées des différentes régions de l'Empire Ottoman, tandis que plusieurs furent oubliés à travers les siècles.

Parmi les différentes parties de la cuisine turque, les plus notables sont : les hors d'œuvres (meze) ; les pâtes feuilletées (börek) au fromage, à la viande, aux légumes ou à toute autre farce selon le goût et l'imagination ; les légumes farcis (dolma) à la viande ou au riz ; les viandes grillées ou rôties et les boulettes (kebap et köfte) ; des différentes sortes de riz (pilav) ; et finalement les légumes frais cuits à l'huile d'olive (zeytinyağlı). Ce dernier est particulièrement notable ; on cuit un certain légume à l'huile d'olive, avec des oignons et tomates, qu'on garnit de sel, de sucre et quelquefois d'ail et qu'on sert une fois refroidie. Il faut particulièrement mentionner l'aubergine à l'huile d'olive ; le fameux "imambayıldı", c'est à dire "l'imam s'est évanoui", mais la légende n'élucide pas si l'imam c'est évanoui à cause du goût délicieux du met, ou bien à cause de l'abondance de l'huile d'olive mis dedans!

Après une telle grande variété des mets savoureux, les desserts font aussi une partie importante. En Turquie, en dehors des pâtisseries à l'européenne, se trouvent des confiseries spéciales et traditionnelles des poudings à base de lait et des pâtisseries à la turque.

Un succulent menu turc se termine toujours avec un bon café turc, lequel est un café bien torréfié et finement moulu, avec ou sans sucre selon le goût, servi dans une cafétiére spéciale à une longue tige (cezve).

On a choisi les mets les plus populaires et typiques de la cuisine turque pour ce livre.

Bon apétit!

Quelques Details Concernant Certains Ingredients

Les pignons et raisins : En Turquie on utilise des différentes sortes de noix pour décorer les desserts. Mais l'un parmi eux, les pignons, est indispensable, comme les raisins de Corinthe, pour les farcis au riz et pour autres plats de riz or les raisins de Smyme sont utilisés pour les desserts et pâtisserie.
L'huile d'olive : On l'utilise beaucoup dans la cuisine turque, pas seulement pour les vinaigrettes mais aussi pour une grande variété de plats de légumes.
L'oignon et l'ail : L'oignon existe dans la plupart des plats turcs et dans les salades. L'ail aussi est un ingrédient important, surtout pour aromatiser le yaourt, lequel est très souvent servi avec les plats de viande et légumes.
Le fromage blanc : C'est un fromage fait avec du lait de brebis, sans cuire. On l'utilise beaucoup pour fourrer les pâtes.
"Yufka" : C'est une grande feuille de pâte très fine, achetée prête, qu'on utilise pour préparer des différentes sortes de "börek", soit cuite au four, soit frite à l'huile ou au beurre. On peut également préparer la pâte soi-même, mais on a besoin d'un rouleau spécial de 80 cm. de longueur et fin comme le doigt ("Oklava"). C'est la seule manière de pouvoir étendre la pâte aussi fine qu'une feuille de papier pour préparer les fameux "börek" turcs.
La viande hachée : Il y a beaucoup de plats turcs qu'on prépare à base de viande hachée, comme les boulettes, ou bien sautée avec des oignons soit pour être ajoutée aux plats de légumes, soit pour fourrer les pâtes et pour les farces. Quelque fois elle est un mélange de bœuf et de mouton, mais toujours hachée deux fois. En Turquie, le boucher connait bien quelle sorte de viande il doit couper et préparer pour quelle sorte de plat.

	Lait	Beurre fondue huite	Riz	Blé	Semoule sucre en poudre	Farine	Sucre	Fromage rapé	Amandes et noix écrasées	Chapelure
Un verret de 25 cl. d'eau contient	25 cl.	220 gr.	230 gr.	200 gr.	180 gr.	160 fr.	240 gr.	100 gr.	100 gr.	100 gr
Une tasse à café d'eau contient	15 cl.	140 gr.	140 gr.	120 gr.	110 gr.	100 gr.	140 gr.	50 gr.	50 gr.	50 gr.

c.s. = cu illerée à soupe
c.t. = cu illeriée à thé1 ounce = 28,3 gr.

Soupe de "Tarhana" (Caillebotte Séche)

TARHANA ÇORBASI
SOUPE DE "TARHANA" (CAILLEBOTTE SÉCHE)

Pour 6 personnes

1 verre de caillebotte sèche (tarhana), 8 verre de bouillon de viande, 150 gr. de viande hachée, 6 c.s. de beurre, 2 tomates de taille moyenne ou 2 c.s. de sauce tomate, 1 c.t. de sel, 6 tranches de pain sec

Faites fondre la margarine dans une grande casserole. Ajoutez la viande hachée et faites cuire, en remuant, pendant 7 à 8 minutes. Ajoutez les tomates épluchées et coupées en petits morceaux. Faites cuire 15 minutes.

Ajoutez le bouillon de viande et la "tarhana". Mélangez bien et remuez jusqu'à ce qu'elle commence à bouillir. Laissez mijoter 10 minutes. Servez accompagnée de pain coupé en dés et frits au beurre.

Soupe de Yaourt

YAYLA ÇORBASI
SOUPE DE YAOURT
Pour 6 personnes

8 verres de bouillon de viande ou d'eau,
80 gr. de farine,
80 gr. de riz, 3 verres de yaourt,
2 jaunes d'œuf,
3 c.s. de beurre,
2 c.s. de menthe séchée en poudre

Faites cuire le riz dans le bouillon ou l'eau sur feu doux.
Battez le yaourt avec les jaunes d'œuf et la farine. Lentement ajoutez 2 verres de bouillon, tout en tournant, et versez-le dans le bouillon.
Laissez mijoter pendant 10 minutes.
Versez du beurre fondu mélangé evec du menthe séchée sur la soupe et servez.

DÜĞÜN ÇORBASI
SOUPE DE NOCE
Pour 6 personnes

500 gr. de collier de mouton en petits morceaux,
1 oignon, 1 carotte,
7 c.s. de margarine,
4 c.s. de farine,
1/2 c.s. de sel,
1/2 c.t. de poivre rouge,
3 jaunes d'œuf,
Jus d'un citron

Faites cuire la viande, l'oignon et la carotte entiers dans 3 litres d'eau, sur feu doux, pendant 2 heures.
Otez la viande, découpez-la en tout petits morceaux et jetez-les dans le bouillon.

Faites fondre 4 cuillerées à soupe de margarine. Ajoutez la farine et faites-la revenir pendant 2 ou 4 minutes. Mettez lentement le bouillon, toujours en remuant. Couvrez et laissez mijoter. Battez les jaunes d'œuf avec le jus de citron. Continuez à battre, en ajoutant lentement quelques cuillerées du bouillon. Ajoutez ce mélange à la soupe et retirez du feu. Faites fondre 3 cuillerées à soupe de beurre. Ajoutez la poivre rouge. Versez sur la soupe et servez tout de suite.

Soupe Tamisée de Lentilles Vertes

UN ÇORBASI

SOUPE DE FARINE

Pour 6 personnes

8 verres de bouillon de viande
6 c.s. de beurre, 3/4 de verre de farine,
1 c.t. de sel, 1/2 c.t. de poivre rouge,
6 tranches de pain sec., 6 c.s. de

Faites revenir la farine dans 4 cuillerées à soupe de beurre. Lentement ajoutez le bouillon de viande tout en remuant pour obtenir une crème lisse. Couvrez et laissez mijotez pendant 15 minutes.
Chauffez 2 cuillerées à soupe de beurre dans une petite casserole. Ajoutez le poivre rouge et versez-le sur la soupe.
Servez accompagnée de pain coupé en dés et frits au beurre.

SÜZME MERCİMEK ÇORBASI

SOUPE TAMISÉE DE LENTILLES VERTES

Pour 4 personnes

1 lt. de bouillon, 125 gr. de lentilles vertes,
50 gr. de farine, 2 c.s. de beurre, Sel, poivre,
4-5 tranches de pain sec, Huile

Triez et lavez les lentilles. Ajoutez assez d'eau pour les couvrir et faites cuire jusqu'à ce qu'ils soient tendres et l'eau soit absorbée.
Ajoutez peu à peu le bouillon chaud et tamisez la soupe. Faitez fondre le beurre dans une casserole. Ajoutez la farine et faites revenir sur feu moyen en remuant sans arrêt. Ajoutez la soupe peu à peu. Couvrez et laissez mijoter sur feu doux pendant 10 minutes. Servez avec des croutons rissolés dans un peu d'huile.

KIRMIZI MERCİMEK ÇORBASI
SOUPE DE LENTILLES ROUGES

Pour 6 personnes

$1^1/_2$ verres de lentilles rouges,
8 verres de bouillon de viande,
2 oignons de taille moyenne,
2 c.s. de margarine, $^1/_2$ c.s. de farine,
1 verre de lait, 3 jaunes d'œuf,
1 c.s. de poivre, 6 tranches de pain sec,
3 c.s. d'huile

Lavez les lentilles. Faites les bouillir pendant 35 minutes dans 8 verres de bouillon de viande et 1 verre d'eau. Passez au tamis.
Faites revenir les oignons finement coupés dans la margarine pendant 7 à 8 minutes. Ajoutez la farine et laissez rissoler encore 1 minute. Ajoutez-le aux lentilles. Mettez du poivre. Laissez mijoter. Battez les jaunes d'œuf avec du lait froid. Ajoutez-la à la soupe. Retirez du feu quand elle recommence à bouillir.
Servez accompagnée de petits morceaux de pain frits à l'huile.

PİRİNÇLİ KIRMIZI MERCİMEK ÇORBASI
SOUPE DE LENTILLES ROUGES AU RİZ

1 verre de lentilles rouges, 1 petit oignon, 2 tomates de toûlle moyenne, 1 pomme de terre de taille moyenne, 2 c.s. de riz, 1 l. de bouillon de viande, sel, poivre rouge

Lavez le riz et les lentilles. Mettez l'oignon decoupé finement, la tomate decoupée et peleé, la pomme de terre decoupée en petits cubes et le bouillon de viande dans la casserole. Et couvrez, aprés avoir ajouté du sel et du poivre rouge. Mettez le dout sur du feu doux pendant 45 minutes.

TERBİYELİ ŞEHRİYE ÇORBASI
SOUPE DE VERMICELLES A LA SAUCE D'ŒUF

1 l. de bouillon de viande ou du poulet,
100 gr. de vermicelles,
1 jaune d'œuf,
$^1/_2$ jus de citron,
1 c.s. de beurre, sel,
poivre rouge

Faites booillir le bouillon de viande et ajouken les vermicelles. Mettes du sel ve faiten mijotes pendant 10 minutes sur du feu doux. Mélangez le jaune d'auf et le jos de citron. Et ajoutez le mélange à la soupe, en remuant continuellement. Faites fondre le beurre et ajoutes du poivre rouge.
Engin passez le sut la soupe.

İŞKEMBE ÇORBASI
SOUPE DE TRIPES

Pour 6 personnes

1 tripe de veau (600 gr.),
1 c.s. de sel,
5 c.s. de sel,
5 c.s. de margarine,
1 c.s. de farine,
1 c.s. de poivre rouge,
2 ou 3 cubes de bouillon,
2 jaunes d'œuf, Jus d'un citron,
1 tasse de vinaigre,
3 gousses d'ail

Nettoyez et lavez bien la tripe. Enlevez la membrane de l'intérieur.
Faites-la bouillir à feu vif dans 3 litres d'eau salée, et enlevez l'écume. Laissez cuire sur feu doux pendant 4 heures jusqu'à ce qu'elle soit bien tendre.

Soupe de la Jeune Mariée

Retirez la tripe du bouillon et découpez-la en fines bandes. Mettez-les dans le bouillon et laissez mijoter.

Faites fondre 2 cuillerées à soupe de margarine dans une petite casserole. Ajoutez la farine et faites-la revenir, en remuant tout le temps. Lentement ajoutez quelques cuillerées à soupe du bouillon et versez-le dans la soupe. Ajoutez les cubes de bouillon. Laissez mijoter pendant 15 minutes.

Battez les jaunes d'œuf dans un bol, avec le jus de citron. Mélangez quelques cuillerées à soupe du bouillon. Ajoutez le à la soupe. Quand elle recommence à bouillir, retirez du feu.

Servez accompagnée du vinaigre à l'ail écrasé. Versez sur chaque bol du beurre fondu mélangé de poivre rouge.

EZO GELİN ÇORBASI

SOUPE DE LA JEUNE MARIÉE

Pour 4 personnes

100 gr. de lentilles rouges,
1 oignon,
$1\frac{1}{2}$ lt. d'eau,
2 c.s. de sauce tomate,
100 gr. de gruau de blé (fin),
50 gr. de beurre,
$\frac{1}{2}$ c.s. de menthe,
Sel, poivre rouge

Faites revenir l'oignon coupé fin dans le beurre. Ajoutez l'eau, les lentilles triées et lavées, le gruau de blé, la sauce tomate diluée et du sel. Laissez cuire sur feu moyen jusqu'à ce que les lentilles soient cuites à point.

Parsemez de poivre rouge et de menthe avant de servir.

ŞEHRİYELİ DOMATES ÇORBASI
SOUPE DE TOMATES AUX VERMICELLES

Pour 4 personnes

1 lt. de bouillon, 100 gr. de vermicelles, 2 c.s. de beurre, 3 tomates mûres, 1 bouquet de persil, Sel, poivre

Faites bouillir le bouillon. Ajoutez les vermicelles, les tomates epluchées et découpées en petits morceaux, du sel et du poivre. Laissez mijoter sur feu moyen pendant 10 minutes, jusqu'à ce que les vermicelles soient tendres. Arrosez du beurre fondue et parsemez de persil haché avant de servir.

PİRİNÇLİ DOMATES ÇORBASI
SOUPE DE TOMATES AU RIZ

Pour 6 personnes

8 verres, de bouillon de viande, 4 grandes tomates ou 150 gr. de sauce tomate, 1 c.s. de farine, 2 c.s. de margarine, 65 gr. de riz, 1 c.t. de sel

Faites cuire le riz dans 2 verres d'eau et égouttez-le. Faites fondre la margarine. Ajoutez les tomates épluchées et coupées en petits morceaux. Faites cuire pendant 15 minutes, en remuant de temps en temps. Ajoutez la farine et le sel, laissez cuire encore 2 minutes. Lentement ajoutez le bouillon. Couvrez et lais-

Soupe de Tomates Aux Vermicelles

sez mijoter sur feu doux pendant 20 minutes. Ajoutez le riz. Laissez sur le feu encore 5 minutes et servez.

MENEMEN

ŒUFS BROUILLÉS AUX LÉGUMES

Pour 4 personnes

8 œufs, 2 poivrons, 3 tomates, 1 c.t. de sel, $^1/_2$ c.t. de poivre, 1 c.s. de margarine

Faites fondre la margarine dans une poêle. Ajoutez les poivrons épépinés et finement découpés en rondelles. Faites les revenir. Ajoutez les tomates épluchées et découpées en petits morceaux. Faites cuire pendant 7 ou 8 minutes, en remuant de temps en temps, jusqu'à ce que le jus soit un peu evaporé.

Battez les œufs dans un bol. Ajoutez du sel et du poivre. Versez dans la poêle et faites cuire en remuant tout le temps. Retirez du feu avant qu'il devienne trop consistant. Servez tout de suite.

ISPANAKLI YUMURTA

ŒUFS AUX ÉPINARDS SAUTÉS

Pour 6 personnes

12 œfs, 1 kg. d'épinards, 2 oignons de taille moyenne, 2 oignons de taille moyenne, 6 c.s de margarine, 1 c.t. de sel, $^3/_4$ c.t. de poivre

Œufs Brouillés Aux Légumes

Œufs Pochés au Yaourt

Enlevez les racines d'épinards. Lavez les bien. Fatise les cuire dans 2 lt. d'eau avec un peu de sel, pendant 10 minutes. Egouttez et hachez avec un couteau. Faites revenir les oignons finement hachés dans la margarine. Ajoutez les épinards et faites. Sauter pendant 15 minutes. Saupoudrez du sel et du poivre. Creusez 12 trous dans les épinards et cassez un œuf dans chacun. Saupoudrez de sel. Couvrez et faites cuire sur feu moyen pendant 3 ou 4 minutes. Servez tout de suite.

ÇILBIR

ŒUFS POCHÉS AU YAOURT

Pour 4 personnes

8 œufs très frais, 2 c.s. de sel, 2 c.s. de sel, 2 c.s. de vinaigre, 500 gr. de yaourt, 2 ou 3 gousses d'ail, pilées, 3 c.s. de beurre, 1 c.t. de poivre rouge

Battez le yogourt avec les gousses d'ail pilées et un peu de sel. Remplissez $^3/_4$ d'une bassine avec de l'eau. Ajoutez du vinaigre et du sel. Faites bouillir. Reduisez le feu. Cassez les œufs un par un, dans une soucope, ensuite laissez glisser soigneusement dans l'eau. Faites cuire 3 minutes et retirez de l'eau à l'aide d'une écumoire. Egouttez bien et disposez dans un plat de service. Couvrez de yaourt battu. Versez du beurre chaud au poivre rouge. Servez tout de suite.

Les hors d'œuvres spécialement variés de la cuisine turque sont exclusivement consommés aux banquets de raki (boisson fortement alcoolisée à base d'anis et de raisin.) En Turquie, il existe une manière propre au pays, de boire le raki : Assis autour d'une table entre amis, les hors d'œuvres sont lentement et petit à petit consommés. Aprés avoir debuté avec le fromage blanc et les salades, on passe aux hors d'œuvres chauds comme les "böreks cigarettes" au les croquettes. Et dernièrement on aboutit au plat chaud qui est souvent de la viande ou du poisson. Mais il est fort probable de ne jamais arriöer au plat essentiel, aprés avoir tant mangé des hors-d'œuvres exquis et variés.

ÇİĞ KÖFTE

"KÖFTES" CRUS

Pour 8 personnes

1 kg. de viande hachée sans graisse
(il faut de la viande bien reposée et hachée 4 ou 5 fois pour préparer le "çiğ köfte"),
1 kg. de "bulgur" fin (gruau de blé),
2 gros oignons, rapés, 1 douzaine de gousses d'ail, pilées, 1 c.s. de cumin, 1 c.s. de poivre,
1 tasse de sauce de piment (piquant),
1/2 tasse de sauce tomate,
1 c.s. d'huile d'olive
Pour la garniture :
1 bouquet d'oignons frais,
1 bouquet de persil, 1 c.t. de poivre rouge,
1/2 c.t. de sel, Jus d'un citron,
1 c.s. d'huile d'olive, Feuilles de laitue

Versez 1 verre d'eau chaude sur le "bulgur" et laissez reposer. (On peut remplacer l'eau par 1 verre de tomates rapées.)
Mélangez la viande avec les autres ingrédients et laissez reposer pendant 1 heure.
Ajoutez le "bulgur" à la viande, mélangez bien et pétrissez vigoureusement pendant 20 minutes. Prenez des morceaux de la taille d'une petite noix et pressez chacun dans la paume de la main pour lui donner une forme irrégulière. Disposez-les sur un plat de service. Servez accompagnés de feuilles entières de laiture et d'un mélange de persil et oignons frais hachés et mélangés avec du sel, du poivre rouge, du jus de citron et d'huile d'olive.

HUMUS

PURÉE DE POIS-CHICHES

Pour 4 personnes

1 1/2 verrer de pois-chiches,
1/2 verre de "tahin"
(graines de sésame moulus),
1/2 verre d'huile d'olive, 1 1/2 c.t. de sel,
1 1/2 c.t. de poivre rouge, 4 gousses d'ail,
Jus de 2 ou 3 citrons

Laissez tremper dans l'eau les poischiches toute la nuit. Changez l'eau et faites cuire.
Enlevez les pelures et lavez.
Ajoutez le "tahin", l'ail écrasé, du sel et du poivre. Mélangez bien. Lentement ajoutez l'huile d'olive et le jus des citrons, toujours en remuant, pour faire une purée lisse.
Servez accompagnée de pain grillé.

KISIR

SALADE DE GRUAU DE BLÉ

Pour 6 personnes

1 verre de gruau de blé (bulgur),
3 c.s. de sauce poivre rouge piquant,

1 tomate, épluchée et découpée en petits morceaux, 6 oignons frais, finement découpées, 1 bouquet de persil, haché, 2 c.t. de sel, 2 c.t. de menthe séche, 1/4 de verre d'huile d'olive, 1/4 de verre vinaigre

Mettez le "bulgur" dans un bol. Versez 1 verre et demi d'eau bouillante. Couvrez bien et laissez reposer pour 20 minutes.
Ajoutez tous les autres ingrédients. Mélangez bien et servez.

KABAK SALATASI
SALADE DE COURGETTES
Pour 6 personnes

1 kg. de courgettes,
250 gr. de yaourt,
2 gousses d'ail pilées, 1 c.t. de sel,
1 bouquet d'aneth,
5 ou 6 olives noires

Epluchez et découpez les courgettes en morceaux. Faites-les bouillir dans l'eau salée. Egouttez et légerement pressez pour extraire l'excés d'eau. Mettez-les dans un bol. Ecrasez-les à l'aide d'une fourchette Ajoutez le yaourt, l'ail pilé, le sel et l'aneth haché. Mélangez bien. Décorez avec les olives noires.

ÇOBAN SALATASI
SALADE DU BERGER
Pour 4 personnes

2 grosses tomates,
1 oignon, 3 poivrons verts,
1 concombre,
1/2 bouquet de persil,
Huile d'olive, Citron, Sel

Epluchez et coupez l'oignon finement en rondelles.
Découpez les tomates en petits cubes.
Epluchez et découpez le concombre en petits morceaux.
Otez les graines des poivrons, découpez-les en petits morceaux.
Coupez finement le persil.
Mélangez tout les ingrédients. Ajoutez l'huile d'olive, le jus de citron et du sel.

Salade du Berger

YOĞURTLU HAVUÇ KIZARTMASI

CAROTTES FRITES AVEC YAOURT

Pour 6 personnes

$1^1/_2$ kg. de grosses carottes,
300 gr. de farine, $1^1/_2$ verres d'huile,
500 gr. de yaourt, Sel

Faites bouillir 10 verres d'eau dans une casserole. Grattez les carottes et découpez-les en longueur en tranches de 3 à 4 mm. Jetez-les dans l'eau bouillante et faites-les cuire jusqu'à ce qu'elles commencent à s'amollir. Egouttez et laissez refroidir.

Mettez la farine et 1 cuillerée à thé de sel dans un bol plat. Faites couler 5 tasses et demie d'eau, en remuant tout le temps, pour faire une pâte lisse et crémeuse.

Chauffez l'huile dans une poêle. Trempez les tranches de carottes dans la crème et faites frire dans l'huile (4 ou 5 à la fois). Egouttez-les bien.

Servez accompagné de yaourt battu avec un peu de sel.

YOĞURTLU HAVUÇ

CAROTTES AU YAOURT

Pour 4 personnes

$^1/_2$ kg. de carottes, 2 c.s. d'huile d'olive,
250 gr. de yaourt, 2 gousses d'ail,
Sel, poivre rouge

Grattez et râpez les carottes. Faites-les revenir dans l'huile d'olive avec du sel.

Battez le yaourt avec les gousses d'ail pilées.

Ajoutez-le aux carottes, mélangez bien.

Saupondrez de poivre rouge.

Carottes au Yaourt

YOĞURTLU PATLICAN SALATASI
SALADE D'AUBERGINES AU YAOURT

Pour 4 personnes

*6 grosses aubergines,
Jus d'un citron,
2 c.s. d'huile d'olive,
1 c.t. de sel,
2 gousses d'ail,
1/2 tasse de yaourt,
1 tomate,
1 piment,
Quelques olives*

Préparez la purée d'aubergines de la même façon indiquée pour la salade d'aubergines. Ajoutez l'ail écrasé, le sel et me yaourt. Mélangez bien.
Décorez avec des tranches de tomates, piments et olives.

PATLICAN SALATASI
SALADE D'AUBERGINES

Pour 4 personnes

*6 grosses aubergines, Jus d'un citron,
1/2 tasse d'huile d'olive, 1 c.s. de vinaigre,
1 gousse d'ail, 2 tomates, 1 oignon,
6 piments, 1 douzaine d'olives noires*

Mettez le jus du citron en l'huile d'olive dans un bol. Mettez les aubergines entières directement sur le feu et grillez-les jusqu'à ce qu'elles soient bien cuites dedans et brûlées à l'extérieur. Tenant par la queue, passez chaque aubergine grillée à l'eau froide de robinet et épluchez-la à l'aide d'un couteau. Découpez la queue, écrasez la pulpe avec une fourchette et mettez-la dans le bol de jus de citron et l'huile d'olive. Quand toutes les aubergines sont écrasées, ajoutez le vinaigre, l'ail écrasé, du sel et poivre et mélangez bien. Deecorez avec des olives et des tranches de tomates, piments et oignons.

Salade d'Aubergines

Salade de Tomates Ecrasées

EZME

SALADE DE TOMATES ECRASÉES

Pour 6 personnes

250 gr. de tomates mûres,
1 poivron vert,
$^1/_2$ concombre,
2 pousses d'oignon,
1 c.t. de menthe sèche,
Sel, poivre, poivre rouge,
1 c.s. de sauce de poivron rouge,
1 c.s. d'huile d'olive, 2 c.s. de vinaigre

Epluchez les tomates et le concombre. Otez la queue et les graines du poivron et les feuilles externes de pousses d'oignon.
Hachez tout très finement. Ajoutez les autre ingrédients et mélangez bien.

FASULYE PİLAKİ

HARICOTS SECS À L'HUILE D'OLIVE

Pour 6 personnes

2 verres d'haricots secs,
1 verre d'huile d'olive,
1 pomme de terre de taille moyenne,
1 pied de céleri-rave,
1 carotte,
1 gros oignon,
5 gousses d'ail,
2 c.t. de sel,
3 c.t. de sucre,
1 bouquet de persil,
1 citron

Laissez trempez les haricots dans l'eau toute la nuit.

Egouttez et mettez-les dans l'eau bouillante. Faites-les cuire sur feu moyen pendant 30 minutes, jusqu'ils soient à moitié cuits. Egouettez-les.

Faites revenir l'oignon haché dans l'huile d'olive. Ajoutez la pomme de terre et le céleri-rave épluchés et découpés en rondelles. Faites dorer pendant quelques minutes. Ajoutez les gousses entières d'ail, le sel, le sucre et les haricots. Mélangez bien.

Versez l'eau suffisante pour les tremper. Couvrez et faites mijoter pendant 1 heure, jusqu'à ce qu'ils soient tendres.

Laissez refroidir. Mettez dans un bol. Décorez avec du persil haché et servez accompagné des quarts de citron.

FASULYE PİYAZI

SALADE D'HARICOTS SECS

Pour 4 personnes

250 gr. d'haricots secs,
1 verre, de vinaigre,
1 gros oignon,
3 tomates,
3 poivrons,
1 douzaine d'olives noires,
1/2 bouquet de persil,
3 œufs durs,
2 c.t. de sel,
1/3 de verre d'huile d'olive

Laissez les haricots tremper dans l'eau toute la nuit. Egouttez et jetez les dans l'eau bouillante. Laissez bouillir sur feu moyen jusqu'à ce qu'ils soient tendres.

Egouttez et mettez-les dans un bol. Saupoudrez de sel et versez le 3/4 du vinaigre. Laissez reposer pendant 2 à 3 heures.

Découpez l'oignon finement en longueur. Frottez-les avec du sel pour extraire le jus. Lavez et égouttez.

Ecoulez le vinaigre des haricots. Ajoutez l'oignon découpé et le persil haché. Mélangez bien.

Décorez avec des tranches de tomates, poivrons et œufs durs.

Arrosez-les avec une vinaigrette faite avec le reste du vinaigre, l'huile d'olive et du sel.

Salade d'Haricots Secs

FAVA
PUREE DE FÉVES SÉCHES
Pour 6 personnes

2 verres de fèves séches,
1 gros oignon,
1/2 verre d'huile d'olive,
2 c.t. de sel,
4 c.t. de sucre,
1/2 bouquet d'aneth,
1 citron

Trempez les fèves dans l'eau toute la nuit. Ecoulez et mettez dans une casserole avec l'oignon découpé en morceaux, l'huile d'olive, sel, sucre et l'eau suffisante pour couvrir.
Couvrez la casserole et laissez cuire sur feu moyen jusqu'ils soient tendres.
Ecrasez le tout et faites une purée lisse. Versez-la dans un bol plat et laissez refroidir. Renversez sur un plat de service. Décorez avec d'aneth ou persil. Servez accompagnée de tranches de citron.

PATATES KÖFTESİ
CROQUETTES DE POMMES DE TERRE
Pour 6 personnes

1 kg. de pommes de terre nouvelles,
200 gr. de fromage rapé ou
250 gr. de fromage blanc écrasé,
2 c.s. de farine,
3 œufs,
2 c.t. de sel,
1/2 c.t. de poivre,
1 1/2 verres d'huile

Laissez bouillir les pommes de terre pendant 25 à 30 minutes. Egouttez, épluchez et faites une purée.
Sans laisser refroidir, ajoutez le fromage, la farine, du sel et du poivre. Mélangez bien et pétrissez pour obtenir une purée consistante.
Prenez des boulettes de la purée et faites rouler chacune entre les paumes des mains pour leur donner la forme d'un doigt. Disposez-les sur un plateau saupoudré de farine.
Chauffez l'huile dans une poêle. Faites dorer les croquettes. Egouttez-les bien et servez.

DOLDURULMUŞ BİBER TURŞUSU
POIVRONS FARCIS AU VINAIGRE

1 kg. de poivrons verts doux,
1 petit chou blanc,
2 poivrons rouges doux,
1 tête d'ail, 1 bouquet de persil,
10-12 branches de céleri,
2 tasses de vinaigre,
1 c.s. de sel pour,
chaque 4 1/2 tasses d'eau

Découpez les queues des poivrons verts et ôtez les graines.
Hachez finement le chou, les poivrons rouges, l'ail, le persil et les branches de céleri et bien mélangez de tout.
Remplissez les poivrons verts avec cette farce et mettez-les dans un bocal.
Diluez le sel dans l'eau, ajoutez le vinaigre. Versez-le dans le bocal.
Couvrez et laissez reposer pendant trois semaines.

Foie Frit

ARNAVUT CİĞERİ
FOIE FRIT
Pour 4 personnes

1 foie de mouton ou
2 foies d'agneau,
$^1/_2$ tasse de farine,
2 c.t. de poivre rouge,
1 c.t. de sel, 1 verre d'huile,
3 oignons de taille moyenne,
1 bouquet de persil

Coupez les oignons en deux et découpez-les finement à la longueur. Mettez-les dans un bol et frottez avec 1 cuillerée à thé de sel pour extraire le jus. Lavez et égouttez. Ajoutez le persil haché. Ça sera la garniture pour les foies frits.

Nettoyez bien le foie, enlevez la membrane et les nervures. Découpez-le en petits cubes. Lavez et égouttez bien. Ajoutez 1 cuillerée à thé de poivre rouge.
Chauffez l'huile dans une poêle. Prenez une poignée de foie. Passez les morceaux dans la farine et jetez-les dans l'huile très chaude. Faites frirer pendant 1 minute. Retirez-les et égouttez bien.
Faites frirer tous les morceaux de la même façon. Saupoudrez de sel.
Servez accompagné de la garniture d'oignons.

BEYİN SALATASI
SALADE DE CERVELLE
Pour 6 personnes

4 cervelles d'agneau,
4 c.s. d'huile d'olive,
1 citron,
1 tasse de vinaigre,
1 petit oignon,
$^1/_2$ bouquet de persil,
1 c.t. de sel

Trempez les cervelles dans l'eau froide et laissez reposer pendant 1 heure, durant laquelle changez l'eau 2 ou 3 fois.
Enlevez la membrane sous l'eau. Ajoutez le vinaigre, l'oignon découpé en quatre morceaux et du sel. Couvrez et faites cuire sur feu moyen pendant 10 minutes.
Laissez refroidir. Mettez les cervelles sur un plat de service. Arrosez d'huile d'olive et de jus de citron. Décorez avec les feuilles de persil et servez.

CACIK

YAOURT DILUÉ AU CONCOMBRES

Pour 4 personnes

500 gr. de yaourt,
2 concombres da taille moyenne,
1 c.t. de sel, 1 c.t. de menthe séche,
Quelques brins d'aneth,
1 gousse d'ail, écrasée (facultatif),
3 c.s. d'huile d'olive (facultatif)

Epluchez les concombres et découpez en très petits morceaux. Saupoudrez du sel et laissez reposer.

MEttez le yaourt dans un bol et frappez bien avec une fourchette, en ajoutant lentement 1 verre d'eau.

Ajoutez les concombres et l'ail écrasé. Saupoudrez d'aneth haché et de menthe sèche. Arrosez d'huile d'olive

Yaourt Dilué au Concombres

ÇERKEZ TAVUĞU
POULET À LA CIRCASSIENNE
Pour 6 personnes

1 poulet de 1000 à 1200 gr., 1 petit oignon, 1 petite carotte, $^1/_2$ c.s. de sel,
Pour la sauce :
400 gr. de noix (sans les coquilles), 3 tranches fines de pain sec, 1 c.t. de poivre rouge, 2 à 3 gousses d'ail, 3 verres du bouillon de poulet

Mettez le poulet, bien nettoyé et lavé, dans une casserole, avec l'oignon en entier épluché, la carotte entière grattée et du sel. Couvrez et faites cuire sur feu doux jusqu'à ce qu'il soit bien tendre. Laissez refroidir. Ecoulez le bouillon. Otez la peau et les os du poulet et déchiquetez la viande en petits morceaux. Moulez les noix. Ajoutez l'ail pilé, le poivre rouge et la mie de pain trempée dans l'eau, égouttée et pressée pour extraire l'excés d'eau. Passez le mélange dans un moulin électrique avec 2 à 3 verres du bouillon de poulet pour faire une sauce homogène assez liquide. Versez la moitié de la sauce sur les morceaux de poulet et mélangez bien. Disposez dans un plat creux. Versez le reste de la sauce au-dessus. Décorez avec du poivre rouge mélangé avec un peu d'huile et servez.

ISPANAK KAVURMASI, YOĞURTLU
ÉPINARDS SAUTÉS, AU YAOURT
Pour 4 personnes

$1^1/_2$ kg. d'épinards, 4 oignons de taille moyenne, 6 c.s. de margarine, 1 verre de bouillon de viande, 3 c.t. de sel, $^1/_2$ c.t. de poivre, 500 gr. de yaourt, 3 ou 4 gousses d'ail

Enlevez les racines d'épinards. Lavez les 5 ou 6 fois. Faites bouillir 2 litres d'eau avec un peu de sel. Jetez les épinards dedans et faites-les cuire sur feu vif pendant 10 minutes.
Egouttez et hachez avec un couteau.
Faites revenir les oignons finement hachés dans la margarine. Ajoutez les épinards et faites sauter pendant 15 minutes. Ajoutez 2 cuillerées à thé de sel et le bouillon de viande. Faites cuire sur feu doux jusqu'à ce que l'eau soit absorbée. Saupoudrez du poivre. Mélangez bien. Servez accompagnés de yaourt battu avec des gousse d'ail pilées et du sel.

Poulet à la Circassienne

La grande variété des pâtes feuilletées et les petits patés à la viande hachée ou bien au fromage blanc, constitue une autre partie importante de la cuisine turque. Des différentes sortes de pâtes (börek) peuvent être préparées à la maison, mais on peut aussi acheter des feuilles de pâte tres fines de 60 à 70 cm de diamétre (yufka). Les "böreks" peuvent être bourrés avec différentes sortes de farces ; on peut les faire frire à l'huile ou bien les mettre au four. Les petits patés sont bouillis à l'eau.

KIYMALI BÖREK İÇİ
FARCE À LA VIANDE HACHÉE

150 gr. de viande hachée,
3 oignons de taille moyenne,
1 1/2 c.s. de margarine,
1/2 bouquet de persil, Sel, poivre

Faites revenir les oignons hachés dans la margarine. Ajoutez la viande hachée et du sel. Faites cuire, en remuant tout le temps, jusqu'à ce que le jus soit absorbé. Ajoutez du poivre et du persil haché. Mélangez bien.

TAVUKLU BÖREK İÇİ
FARCE AU POULET

1 blanc de poulet ou 1 cuisse,
1 1/2 c.s. de margarine, 1 1/2 c.s. de farine,
1 verre de lait, 1 jaune d'œuf,
1 pincée de noix de muscade rapée,
1 c.t. de sel, 1/2 c.t. de poivre

Faites bouillir le blanc ou la cuisse de poulet. Déchirez en fils.
Faites fondre la margarine dans une casserole. Ajoutez la farine et faites revenir en remuant tout le temps. Versez lentement le lait pour faire une sauce lisse.
Retirez du feu. Ajoutez le jaune d'œuf, le poulet déchiré, la noix de muscade rapée, du sel et du poivre. Mélangez bien. Laissez refroidir avant de l'utiliser pour les recettes.

PEYNİRLİ BÖREK İÇİ
FARCE AUX FROMAGE BLANC

200 gr. de fromage blanc,
1 œuf entier ou 1 blanc d'œuf,
1/2 bouquet de persil,
1/2 bouquet d'aneth (facultatif)

Ecrasez le fromage à l'aide d'une fourchette. Ajoutez l'œuf, le persil et l'aneth hachés. Mélangez-les bien.

ISPANAKLI BÖREK İÇİ
FARCE AUX ÉPINARDS

1250 gr. d'épinards,
3 oignons de taille moyenne,
6 c.s. de margarine,
1 c.t. de sel,
1 c.t. de poivre

Enlevez les racines des épinards. Lavez-les bien 4 ou 5 fois. Faites-les bouillir sur feu vif pendant 5 minutes.
Egouttez bien et pressez dans les paumes des mains pour extraire l'éxces d'eau. Hachez à l'aide d'un couteau.
Faites fondre la margarine. Faites revenir les oignons hachés avec du sel.
Ajoutez les épinards et faites cuire en remuant tout le temps.
Saupoudrez de poivre.

KABAKLI BÖREK İÇİ
FARCE AUX COURGETTES

$^1/_2$ kg. de courgettes, 1 petit oignon,
2 c.s. de margarine, 1 c.t. de sel,
1 c.t. de menthe séche, $^1/_2$ c.t. de poivre

Faites revenir l'oignon haché dans la margarine. Ajoutez les courgettes grattées et rapées. Faites-les sauter pendant 15 minutes. Ajoutez du sel, du poivre et de la menthe. Mélangez bien et laissez cuire encore 10 minutes.

MAKARNA FIRIN
MACARONI AU GRATIN

Pour 6 personnes

300 gr. de macaroni,
$2^1/_2$ c.s. de sel, 4 c.s. de margarine,
150 gr. de fromage rapé,
$1^1/_4$ verres de lait, 4 œufs, $^1/_2$ c.t. de poivre

Faites bouillir 10 verres d'eau avec 2 cuillerées à soupe de sel. Jetez les macaronis dedans. Faites bouillir pendant 15 minutes, en remuant de temps en temps. Egouttez et lavez à l'eau froide. Ajoutez la margarine fondue, $^1/_2$ cuillerée à soupe de sel, un peu de poivre et la moitié du fromage rapé. Mélangez et disposez dans un moule au four. Battez les œufs dans un bol. Ajoutez du lait froid. Versez sur les macaronis. Etalez le reste du fromage rapé. Mettez au four moyen pendant 45 minutes, jusqu'à ce qu'il prenne une teinte bien dorée. Decóupez en carrés et servez.

MANTI
PETITS PÂTÉS FARCIS A LA VIANDE HACHÉE

Pour 6 personnes

Pour la pâte : 400 gr. de farine,
1 jaune d'œuf, 1 œuf entier,
$^1/_2$ c.s. de sel, 10 cl. d'eau

Pour la farce :
200 gr. de viande hachée, 3 oignons de taille moyenne, Sel, poivre
Pour faire bouillir :
6 verres de bouillon de viande
Pour la sauce :
500 gr. de yaourt, 2 ou 3 gousses d'ail, pilées, 5 c.s. de margarine, 1 c.s. de poivre rouge, 1 c.s. de menthe sèche (facultatif)

Mélangez les oignons finement hachés avec la viande haché, du sel et du poivre. Pétrissez

Petits Pâtés Farcis a la Viande Hachée

pendant 2 minutes. Tamisez 350 gr. de farine. Metter au centre 1 œuf entier, 1 jaune d'œuf, 1/2 cuillerée à soupe de sel et 10 cl. d'eau. Mélangez et pétrissez bien pour faire une pâte lisse. Recouvrez d'un linge humide et laissez reposer pendant 1 heure. Farinez la pâte. Etendez-la, avec un rouleau à pâtisserie, à peu près de la taille d'un plat. Ensuite, à l'aide d'un rouleau fin de 70 à 80 cm de longueur (oklava), étendez la pâte aussi grande et aussi fine que possible (le minceur d'une lame de couteau). Découpez à l'aide d'un couteau des carrés de 6 cm. Mettez 1 cuillerées à thé de la farce sur chaque carré. Ramenez les quatre angles par-dessus la farce et pressez avec les doigts pour faire coller. Disposes-les dans un grand moule de four beurré. Mettez au four moyen pendant 25 minutes, jusqu'à ce qu'elles prennent une tainte légerement dorée. Versez 6 verres de bouillon de viande chaud. Couvrez et laissez cuire au four doux jusqu'à ce que tout le bouillon soit absorbé et les pâtes soient gonflées. Partagez les pâtés dans des bols inviduels. Couvrez de yaourt

battu à l'ail. Versez par-dessus du beurre chaud mélangé de poivre rouge. Saupoudrez de la menthe sèche.
Servez tout de suite.

KIYMALI PİDE

PAIN À LA VIANDE HACHÉE

Pour 6 personnes

5 tasses de farine, 4 c.s. de beurre,
2 c.t. de levure, 2 c.t. de lait, 1 c.t. de sel,
1 c.t. de sucre, 3 œufs
(1 jaune d'œuf pour dorer le dessus),
250 gr. d'egneau haché,
1/2 bouquet de persil, 1 oignon, Sel, poivre

Faites dissoudre la levure et le sucre dans le lait. Tamisez la farine dans un bol, faites un puits au centre, y placez la levure, le beurre amolli, 2 œufs et une cuillère à café de sel. Pétrissez en pâte souple, couvrez et laissez reposer pour la faire lever.
Divisez la pâte en morceaux de la taille d'un œuf et aplatissez chacun avec les mains sur un plateau fariné un lui donnant une forme circulaire ou elliptique d'un demi centimètre d'épaisseur. Préparez la farce comme pour la pâte à l'eau (p 27), étalez au centre de chaque morceau de pâte, repliez les bords vers l'intérieur sur 2 cm. environ pour envelopper la farce. Laissez reposer dans un endroit chaud pour faire de nouveau lever la pâte.
Etalez le jaune d'œuf sur chaque pâte et faites cuire au four moyen jusqu'à ce qu'ils soient bien dorés. Passez légèrement du beurre fondu et servez tout de suite si vouz voulez qu'ils soient croustillants, si non laissez-les reposer pendant 5 minutes dans une casserole fermée.

Pain à la Viande Hachée

TATAR BÖREĞİ

"BÖREKS" TARTARES

Pour 6 personnes

$^1/_2$ bouquet de persil,
Pour la sauce :
500 gr. de yaourt,
2 ou 3 gouesses d'ail,
pilées,
1 c.t. de sel,
Au-dessus :
4 c.s. de beurre,
1 c.t. de poivre rouge

Tamisez 350 gr. de farine. Mettez au centre les œufs, du sel et $^1/_3$ de verre d'eau. Mélangez bien et pétrissez pour obtenir une pâte consistante. Recouvrez d'un linge humide et laissez reposer pendant 1 heure.

Préparez la farce à la viande hachée (page 27). Farinez le plan de travail et la pâte. A l'aide d'un rouleau à pâtisserie, étendez la pâte pour faire un disque de la taille d'un plat. Ensuite, avec un rouleau fin (oklava), étendez le disque le plus grand et le plus fin possible.

Sur un côté de la pâte, mettez de la farce en petites quantités en laissant 5 ou 6 cm entre chacune. Pliez le bord pardessus, pressez légèrement et à l'aide d'une soucoupe découpez des petites demi-lunes. Ramenez les deux bouts de chacune et pressez pour les faire coller. Disposez les pâtés sur un plateau fariné.

Faites bouillir 3 litres d'eau salée dans une grande casserole. Jetez les pâtés dedans et laissez bouillir pendant 10 minutes, jusqu'à ce qu'ils soient tendres.

Egouttez les pâtés à l'aide d'une écumoire et disposez-les dans des bols individuels. Versez de yaourt battu à l'ail. Faites couler du beurre fondu au poivre rouge. Servez tout de suite.

TEPSİ BÖREĞİ

PÂTE AU FOUR

Pour 6 personnes

3 feuilles de "yufka" (feuilles de pâte),
$^3/_4$ de verre de lait, 6 c.s. de margarine,
2 ou 3 œufs, La farce désirée (pages. 27)

Faites fondre la margarine. Beurrer un plateau allant au four de 24 à 30 cm de diamètre. Battez les œufs avec le reste de la margarine et le lait. Etalez une feuille de "yufka" dans le plateau ; laissez les bords déborder 8 à 10 cm. Déchirez l'excés de la feuille (pour l'utiliser comme une autre couche de "yufka"). Répartez 3 ou 4 cuillerées à soupe du mélange au lait sur le "yufka". Mettez encore 2 couches de "yufka" de la même taille que le plateau. Répartez du mélange sur chaque couche.

Etalez la farce. Mettez 2 ou 3 couches de "yufka", toujours avec quelques cuillerées du mélange entre chaque couche. Plier les bords de la première feuille audessus. Etalez le reste du mélange sur la pâte. Mettez au four moyen pendant 25 à 30 minutes, jusqu'à ce que le dessus devienne bien doré.

BOHÇA BÖREĞİ

PÂTÉS FEUILLETÉS-I

Pour 6 personnes

400 gr. de farine, 330 gr. de beurre fondu,
1 c.s. de sel, 1 c.s. de jus de citron,
1 jaune d'œuf, 1 tasse d'huile d'olive,
La farce désirée (pages 27).

Tamisez 350 gr. de farine. Mettez au centre 1 cuillerée à soupe de beurre fondu, du sel, du jus de citron et $^3/_4$ de tasse d'eau. Mélangez et pétrissez bien pour faire une pâte molle. Recouvrez d'un linge humide et laissez reposer

Pâte au Four

pendant une $^{1}/_{2}$ heure. Farinez la pâte, et, à l'aide d'un rouleau a pâtisserie, étendez-la pour faire un disque de $^{1}/_{2}$ cm d'épais et 30 à 40 cm de diamètre. Etalez le beurre fondu sur les deux cotés. Pliez-le en trois et pliez ça aussi en trois. Recouvrez d'un linge humide et laissez reposer pendant 45 à 60 minutes.

Etendez la pâte encore une fois pour faire un disque fin. Pliez comme avant et laissez reposer encore 45 minutes. Etendez la pâte cette fois ci à un épaisseur de 2 cm. Découpez des carrés de 3 à 4 cm. Faites rouler chacun entre les paumes des mains pour faire des petites boules. Laissez-les reposer pendant 15 minutes.

Trempez chaque boule dans l'huile d'olive et étendez chacune à l'aide du rouleau à pâtisserie pour faire des carrés les plus fins possible. Mettez 1 cuillerée à soupe de la farce désirée au centre de chacun. Plier les 4 angles au-dessus de la farce pour faire des petits paquets. Disposez-les sur un plateau allant au four, légèrement moullée. Battez un jaune d'œuf avec 1 cuillerée à thé d'huile d'olive et 1 cuillerée à soupe d'eau. Etalez ce mélange sur chaque pâté. Mettez-les au four moyen pendant 25 à 30 minutes, jusqu'à ce qu'ils soient bien dorés.

SİGARA VE MUSKA BÖREĞİ
"BÖREK" CIGARETTE ET "BÖREK" AMULETTE

Pour 6 personnes

3 "yufka" (feuille de pâte prête à acheter),
1 verre d'huile, La farce désirée
(voir pages 27)

Prétez la farce désirée.

Pour faire les "börek" cigarette :

Mettez les "yufka" une sur l'autre. Pliez en deux et coupez le long du diamètre. Découpez ces feuilles demicirculaires en 4 morceaux égaux ; donc vous avez 24 morceaux triangulaires. Vers la base de chaque triangle, mettez une cuillerée de la farce. Pliez les deux extrémités par dessus et roulez vers la pointe comme une cigarette. Trempez le bout dans une soucoupe d'eau pour le coller.

Pour faire les "börek" amulette :

Pliez et coupez les feuilles en deux. Puis, découpez les demi-cercles en bandes de 7 à 8 cm. de largeur et 22 à 24 cm. de longueur. Sur un côté de chaque bande, mettez une cuillerée de la farce. Prenez le coin droit et amenez-le en diagonale sur l'autre côté en forme d'un triangle. Pliez le. Ramenez la pointe gauche sur le côté opposé et pliez. Et ceci jusqu'au bout. Collez le bout en le trempant dans l'eau. Comme ça, vous avez des petits pâtés en forme triangulaire.

Faites-les frire dans l'huile. Ecoulez bien et mettez-les dans un plat de service.

SU BÖREĞİ
PÂTÉ À L'EAU

Pour 6 personnes

350 gr. de farine,
$^{1}/_{2}$ tasse d'eau, 3 œufs,
1 c.s. de sel, 100 gr. de fécule,
6 c.s. de margarine, La farce á la viande hachée : 200 gr. de viande hachée (sans graisse), 2 c.s. de margarine,
3 oignons, $^{1}/_{2}$ bouquet de persil,
1 c.t. de sel, $^{1}/_{2}$ c.t. de poivre,
La farce au fromage :
250 gr. de fromage blanc écrasé,
1 œuf, $^{1}/_{2}$ tasse de lait,
$^{1}/_{2}$ bouquet d'aneth,
$^{1}/_{2}$ bouquet de persil

Böreks

Préparez la farce désirée (page 27).
Tamisez la farine. Mettez au centre les œufs, l'eau et le sel. Mélangez et pétrissez. Divisez en 9 morceaux (un d'eux plus grand que les autres). Recouvrez d'un linge humide et laissez reposer pendant une $^1/_2$ heure. Avec le rouleau à pâtisserie, étendez le grand morceau de pâte jusqu'à obtenir un disque deux fois plus grand que le moule au four de 25 cm. de diamètre. Placez la pâte dans le moule beurré, en laissant déborder le moule. Etendez les autres morceaux de pâte.
Mettez les quatre ensemble, l'un sur l'autre, en saupoudant chacun de fécule. Avec le rouleau, étendez les quatre pâtes ensemble aussi grandes que le moule. Etendez les quatre morceaux restants de le même façon. Faites bouillir 4 litres d'eau avec 1 cuillerée et demie de sel. Faites bouillir les disques de pâte, un par un, pendant 1 minute. Retirez chacun de l'eau bouillante sans déchirer et plongez dans un bol contenant de l'eau froide. Egouttez et placez dans le moule. Arrosez chacun de beurre fondue.
Apres 4 feuilles de pâte, étalez la farce désirée.

Pâté à l'Eau

Placez encore 4 feuilles ëboullantées de la même façon et arrosées de beurre fondu. Pliez les bords de la première feuiller par-dessus. Etalez le reste du beurre fondu au-dessus.
Mettez au four moyen pendant 1 heure et un quart, jusqu'à ce qu'il soit doré.
Sortez-le du four. Renversez sur un plat de service. Servez tout de suite.

NEMSE BÖREĞİ

PATÉS FEUILLETES-II

Pour 6 personnes

350 gr. de farine,
$1^1/_2$ c.s. de margarine ramollie,
320 gr. de margarine, 3/4 de verre d'eau,
1 c.s. de sel,
1 c.t. de jus de citron ou vinaigre,
Pour étendre :
100 gr. de farine,
La farce désirée

Tamisez la farine (de préférence, sur un plan de travail en marbre). Mettez au centre la margarine ramollie, le jus de citron ou le vinaigre et du sel. Ajoutez lentement l'eau. Mélangez bien et pétrissez pendant 10 minutes. Faites une boule, empaquetez-la dans un papier huilé et laissez reposer dans un endroit froid pendant une $^1/_2$ heure.
Farinez la pâte et, à l'aide d'un rouleau à pâtisserie, étendez-la pour donner la forme d'une etoile à quatre coins de $^1/_2$ cm d'épaisseur. Au centre placez 320 gr. de margarine (non ramollie) et pliez les quatre coins par-dessus. Empaquetez-la de nouveau et laissez reposer dans la refrigérateur pendant 1 heure.
Farinez la pâte et étendez-la pour obtenir une forme oblongue de $^1/_2$ cm d'épaisseur. Pliez les deux bouts vers le centre et pliez-les encore une fois comme un portefeuille. Etendez la pâte pliée encore une fois et pliez de nouveau en quatre. Empaquetez et laissez reposer dans le réfrigérateur pendant 1 heure.
Répétez le même procédé encore une fois et laissez reposer pendant 1 heure.
Farinez et étendez la pâte d'une épaisseur de $^1/_2$ cm. Sur un côté mettez des cuillerées à soupe de la farce avec une distance de 10 cm entre chacune. Pliez le bord de la pâte par-dessus les farces et pressez légèrement. Découpez, à l'aide d'une soucoupe, des demilunes autour des pâtés.
Disposez-les sur un plateau allant au four mouillé. Passez-les au jaune d'œuf. Mettez au four moyen pendant 25 à 30 minutes, jusqu'à ce qu'ils soient bien dorés.

PUF BÖREĞİ

PÂTÉS GONFLÉS

Pour 6 personnes

350 gr. de farine, 1 c.s. de margarine,
$2^1/_2$ c.s. de beurre, $^3/_4$ c.s. de sel,
1 jaune d'œuf, La farce a la viande hachée :
200 gr. de viande hachée, 3 oignons hachés,
$1^1/_2$ c.s. de margarine, 1 c.t. de sel,
$^1/_2$ c.t. de poivre,
La farce au fromage :
200 gr. de fromage blanc écrasé,
1 blanc d'œuf, $^1/_2$ bouquet de persil,
Pour la friture :
1 verre et demi d'huile

Tamisez 350 gr. de farine. Mettez au centre le jaune d'œuf, la margarine fondue, du sel et 3/4 de tasse d'eau. Mélangez et pétrissez bien pour obtenir une pâte molle (comme le lobe de l'oreille). Recouvrez d'un linge humide et laissez reposer pendant 1 heure.
Farinez le plan de travail. Divisez la pâte en 5 morceaux égaux. A l'aide d'un rouleau à pâtis-

Pâtés Gonflés

serie, étendez chacun pour faire des disques de la taille d'un plat. Etalez du beurre fondu sur chacun et placez tous les disques l'un sur l'autre. Couvrez d'un linge humide. Laissez reposer dans le régrigérateur pendant 1 heure. Farinez et étendez la pâte la plus fine possible. Sur un côté, mettez des cuillerées à soupe de la farce désirée. Pliez le bord pardessus les farces et pressez légèrement. Découpez des demi-lunes à l'aide d'une soucoupe. Disposez-les sur un plateau fariné. Répétez le méme procédé pour terminer la pâte entière. Chauffez l'huile dans une poêle. Faitez frire les pâtés (3 ou 4 à la fois). Egouttez-les bien et disposez sur un plat de service. Servez tout de suite.

ÇİĞ BÖREK
PÂTÉS CRUS
Pour 6 personnes

$^1/_2$ kg. de farine, 1 œuf, 1 c.t. de sel,
Pour la farce :
600 gr. de viande, hachée (sans graisse),
2 tomates, 1 oignon de taille moyenne,
2 piments, Sel, poivre, Huile (pour la friture)

Tamisez la farine. Mettez au centre l'œuf et du sel. Ajoutez lentement un peu d'eau et mélangez pour obtenir une pâte lisse. Pétrissez pendant 5 minutes. Couvrez et laissez reposer.
Mélangez la viande hachée avec les tomates et l'oignon rapés, les piments finement hachés, du sel et du poivre. S'il est trop épais, ajoutez $^1/_2$ tasse d'eau. Prenez des morceaux de la pâte, de la taille d'un œuf, et faites rouler chacun entre les paumes des mains pour faire des boules. A l'aide d'un rouleau a pâtisserie, étendez chacun pour faire des disques de 15 cm de diamètre. Mettez-les l'un sur l'autre, avec des feuilles de papier entre chacun.
Chauffez l'huile dans une poêle. (On peut mettre l verre d'huile pour faire frire les pâtés, ou bien on peut seulement huiler la poêle avec quelques gouttes d'huile pour faire griller les pâtés.) Prenez une feuille de pâte. Etalez une fine couche de la farce sur la moitié du disque et pliez l'autre moitié par-dessus. Pressez pour coller les bords. Faites frire (2 à la fois) jusqu'à ce qu'ils soient légèrement dorés. (Remplissez les pâtés juste avant de les faire frire, autrement le jus des tomates altérerait la pâte.)

TALAŞ İÇİ
FARCE À LA VIANDE

900 gr. de viande, de mouton (sans graisse),
5 gros oignons, 2 c.s. de margarine,
1 grosse tomate ou 1 c.s. de sauce tomate,
2 c.t. de thym, 1 bouquet de persil,
1 c.t. de sel, 1 c.t. de poivre

Faites fondre la margarine. Ajouter l'oignon haché et la viande découpée en petites bandes d'un cm de largeur et 2 à 3 cm de longueur. Couvrez et faites cuire sur feu moyen pendant 15 à 20 minutes, en remuant de temps de temps. Quand l'eau est absorbée, faites-les sauter encore 10 minutes en remuant.
Ajoutez du sel, la tomate épluchée et découpée en petits morceaux et 1 verre et demi d'eau chaude. Couvrez et laissez mijoter pendant 1 heure et demie.
Ajoutez le reste des oignons découpés finement en longueur. Mélangez bien et laissez cuire encore une $^1/_2$ heure.
Ajoutez le poivre, le thym et le persil haché. Mélangez bien et retirez du feu.

TALAŞ BÖREĞİ

PÂTÉS FEUILLETES À LA VIANDE

Pour 6 personnes

350 gr. de farine,
1 1/2 c.s. de margarine ramollie,
320 gr. de margarine, 3/4 de verre d'eau,
1 c.s. de sel, 1 tasse d'huile d'olive
(pour étendre les pâtes), 1 jaune d'œuf,
La farce à la viande (page 38)

Préparez la pâte feuilletée comme dans la recette à la page 32 Laissez reposer pendant 1 heure. Préparez la farce à la viande (page 32) A l'aide d'un rouleau à pâtisserie, étendez la pâte pour donner une forme rectangulaire d'un cm d'épaisseur. Découpez-la en 12 morceaux égaux. Ramenez les quatre coins de chaque carré vers le centre et pressez légèrement. Laissez reposer pendant 15 minutes.
Passez chaque pièce dans l'huile d'olive et avec le rouleau à pâtisserie étendez chacune de l'épaisseur d'une lame de couteau. Mettez de la farce au centre de chacune. Pliez les quatre angles pour faire des petits paquets. Disposez les sur un plateau mouillé du four.
Passez-les au jaune d'œuf battu avec 1 cuillerée à thé d'huile d'olive et 1 cuillerée à soupe d'eau. Mettez au four moyen pendant 25 à 30 minutes.

Pâtés Feuilletes à la Viande

En Turquie, les poissons d'une grande variéte sont particulièrement délicieux à cause des caractéristiques des quatre mers qui entourent la péninsule d'Asie Mineur. Surtout les poissons du Bosphore sont bien connus. On prépare les poissons de diverses façons : frits, grillés ou bien cuits à l'huile d'olive avec des légumes. Parmi les fruits de mer, les moules sont les plus populaires.

KILIÇ ŞİŞ

ESPADON À LA BROCHETTE

Pour 4 personnes

750 gr. d'espadon, 1 c.s. de sel,
1 c.s. de jus de citron,
1 c.s. d'huile d'olive,
1 c.s. de jus d'oignon,
1 c.t. de poivre rouge,
1 douzaine de feuilles de laurier,
Pour la sauce :
Jus d'un gros citron,
1/2 tasse d'huile d'olive,
1/2 bouquet de persil

Mettez dans un bol l''espadon découpé en morceaux de la taille d'une boîte d'allumettes. Ajoutez le sel, le poivre, le jus de citron, l'huile d'olive, le jus d'oignon et les feuilles de laurier. Mélangez bien et laissez dans le réfrigérateur pendant 5 à 6 heures.
Enfilez les morceaux d'espadon en longueur sur les brochettes, en laissant 1 à 2 cm de distance entre chacun. Mettez à griller sur un barbecue pendant 5 à 6 minutes chaque côté, en brossant de temps en temps avec la même marinade. Servez accompagnés d'huile d'olive mélangée avec le jus de citron et du persil haché.

Espadon à la Brochette

BALIK BUĞULAMA
POISSONS A L'ETUVÉE

Pour 4 personnes

(De petits poissons comme des rougets de roche, des sardines ou des anchois)

1 kg. de poissons, 1 tasse d'huile d'olive,
$^1/_2$ verre d'eau, 1 citron (en rondelles),
Aneth et persil hachés, sel

Nettoyez et lavez les poissons. Disposez-les côte à côte dans une bassine plate.
Ajoutez le reste des ingrédients. Couvrez et faites cuire sur feu moyen pendant 6 à 7 minutes.
Laissez refroidir avant de servir.

ISTAKOZ
HOMARD

1 homard (de 30-35 cm.),
1 carotte,
1 oignon,
2 gousses d'ail,
1 c.s. de vinaigre,
sel, persin

Grattez la carotte, épluchez l'oignon et les gousses d'ail. Mettez-lez dans une casserole assez grande avec de l'eau, ajoutez le vinaigre, du sel et de persil, portez à l'ébullition.
Déposez le homard dans l'eau bouillante et faites cuire à feu vif pendant 23 à 27 minutes, dépendant de la taille du homard.
Enlevez-le de l'eau, laissez refroidir. Découpez la carapace à l'aide des tenailles et disposez la chair dans un plat de service.
Servez accompagné de mayonnaise mélangée de moutard, vinaigre, cornichons et câpres hachés.

Homard

BALIK KÖFTESİ
DOIGTS DE POISSONS

Pour 6 personnes

2 thons de taille moyenne,
2 oignons taille moyenne,
2 tranches de pain sec,
4 œufs,
$^1/_2$ bouquet de persil,
$1^1/_2$ c.t. de sel,
1 verre d'huile d'olive

Nettoyez et lavez les poissons. Faites les cuire dans l'eau salée avec un oignon en entier épluché. Otez les arêtes et déchiquetez la chair.
Ajoutez la mie de pain (trempée dans l'eau et égouttée), 2 œufs, le persil haché, les épices, les pignons et les raisins. Mélangez et pétrissez bien.
Prenez des morceaux de la taille d'une noix et faites rouler chacun entre les paumes de vos mains pour leur donner la forme d'un doigt. Passez-les d'abord dans la farine, puis dans 2 œufs battus et finalement dans la chapelure. Faites-les dorer dans l'huile. Egouttez bien et servez.

Turbot Frit

KARİDES ŞİŞ

CREVETTES A LÀ BROCHETTE

Pour 4 personnes

*24 crevettes géantes, 2 tomates,
2 poivrons, 1 1/2 citrons, 4 feuilles de laurier,
coupées en deux, 1 c.s. d'huile, sel*

Otez les têtes et les coquilles des crevettes crues. Nettoyez les colonnes vértebrales. Lavez et égouttez. Trempez dans le jus d'un 1/2 citron et saupoudrez du sel. Découpez les tomates et les poivrons épépinés en 4 ou 5 morceaux. Coupez le citron en rondelles. Enfilez sur 4 brochettes (ou bien 8 petites brochettes) successivement les crevettes, les morceaux de tomates, poivrons, citron et les feuilles de laurier. Arrosez de l'huile. Mettez à griller sur un barbecue ou au four pendant 10 minutes. Servez accompagnées de pommes de terre cuites.

KALKAN TAVA

TURBOT FRIT

Pour 4 personnes

*2 kg. de turbot
(découpé en tranches épaisses),
1 tasse de farine,
sel,
poivre,
citron,
huile*

Lavez et égouttez bien les tranches de turbot. Saupoudrez de sel et poivre, arrosez de jus de citron et laissez-les reposer pendant 2 heures.

Desséchez les tranches, passez-les à la farine et faites frire des deux côtés.

Servez garnies de citron en rondelles.

Crevettes en Terrines

KARİDES GÜVEÇ

CREVETTES EN TERRINES

Pour 6 personnes

1 kg. de crevettes, 3 petites tomates,
3 petites tomates,
3 piments, 1 petit oignon,
100 gr. de fromage rapé,
1 petit oignon, 100 gr. de fromage rapé,
1 gousse d'ail, 2 c.s. d'huile,
$^{1}/_{2}$ c.t. de sel, $^{1}/_{2}$ c.t. de poivre

Otez les têtes et les coquilles de crevettes crues. Lavez et égouttez. Saupoudrez du sel.
Chauffez l'huile. Faites revenir l'oignon haché et l'ail pilé.
Retirez-les d'huile et ajoutez aux crevettes, avec des tomates et poivrons épépinés et découpés en petits morceaux. Saupoudrez du poivre.Partager dans 6 petites terrines individiuelles. Couvrez du fromage rapé.
Mettez à dorer au four à feu vif pendant 15 à 20 minutes.

Rougets Frits

BARBUNYA TAVA

ROUGETS FRITS

Pour 4 personnes

1 kg. de rougets, 1 tasse de farine, 1 tasse d'huile d'olive, 1 citron, Sel, poivre, Persil

Nettoyez les poissons, lavez et égouttez-les bien. 20 minutes avant de les faire frire, saupoudrez de sel et de poivre. Passez-les à la farine. Faites frire dans la poêle des deux côtés. Servez garnis de tranches de citron et de persil.

FISTIKLI VEYA CEVİZLİ TARATOR

SAUCE AUX PIGNONS OU AUX NOIX

100 gr. de pignons ou de noix,
2 tranches de pain sec, 2 gousses d'ail,
1/2 verre d'huile d'olive,
1/4 de verre de jus de citron ou vinaigre,
1/2 c.t. de sel

Pilez les pignons ou les noix dans un mortier.

Trempez le pain dans l'eau. Pressez dans les mains pour extraire l'excés d'eau. Ajoutez-le aux pignons avec l'ail écrasé et du sel.
Lentement ajoutez l'huile d'olive et le jus de citron ou vinaigre, en remuant toujours, pour faire une pâte lisse.

MİDYE TAVA
MOULES BAIGNÉES
Pour 4 personnes

30 grosses moules (sans les coquilles),
150 gr. de farine, 10 gr. de levure,
2 c.s. de margarine, 2 c.t. de sel, 2 œufs,
1 verre d'huile
Garniture :
Sauce aux pignons ou aux noix

Nettoyez les moules, enlevez les bords poilus. Lavez et égouttez bien. Disposez-les sur une serviette séche. Laissez la levure dans une $^1/_2$ tasse d'eau tiède pendant 10 minutes. Mettez 125 gr. de farine dans un bol. Au centre mettez la levure, la margarine fondue, 2 jaunes d'œuf et 2 cuillerés à soupe d'eau tiède. Mélangez bien pour faire une pâte liquide. Laissez dans un endroit chaud pendant 1 heure. Battez les blancs d'œuf avec une pincée de sel. Ajoutez-les à la pâte et mélangez bien. Chauffez l'huile dans une poêle. Prenez les moules, une par une, passez-les d'abord à la farine, ensuite trempez-les dans la pâte et faites-les dorer (pas plus de 3 ou 4 à la fois). Egouttez-les bien. Servez tout de suite accompagnées d'une sauce aux pignons ou bien aux noix (voir la recette suivante).

MİDYE PİLAKİ
MOULES À L'HUILE D'OLIVE
Pour 6 personnes

50 grosses moules (sans coquilles),
2 oignons de taille moyenne, 2 carottes de

taille moyenne, 2 pommes de terre de taille moyenne, 1 petit pied de céleri-rave, 1 tige de céleri, 1 grosse tomate, 5 à 6 gousses d'ail, 2 c.t. de sel, 2 c.t. de sucre, 1/2 verre d'huile d'olive, 1 bouquet de persil

Nettoyez et lavez bien les moules.
Chauffez l'huile d'olive dans une casserole. Mettez les oignons découpés finement en longueur et faites-les revenir.
Ajoutez les carottes grattées et découpées en rondelles, les pommes de terre et le pied de céleri épluchés et découpés en cubes, la tige de céleri coupée en morceaux, les gousses entières d'ail, la tomate épluchée et découpée en morceaux, du sel, du sucre et 1 verre d'eau. Couvrez et faites cuire sur feu moyen pendant 15 minutes. Ajoutez les moules et laissez cuire encore 10 minutes, jusqu'à ce que les légumes soient tendres. Laissez refroidir. Décorez avec du persil haché et servez.

BALIK PİLAKİ
POISSONS À L'HUILE D'OLIVE AVEC DES LÉGUMES

Pour 4 personnes

(De poissons comme des bars, des thons ou des mulets)
(Levrek, palamut, kefal gibi balıklardan)
1 kg. de poissons, 1 carotte, 3 pommes de terre, 1 petit pied de céleri-rave, 2 oignons de taille moyenne, 5 gouesses d'ail, 1 citron, 2 tomates de taille moyenne, 1/2 bouquet de persil, haché, 2 c.t. de sel, 2 c.t. de sucre, 1/2 verre d'huile d'olive

Chauffez la moitié d'huile d'olive dans une casserole. Faites revenir les oignons découpés en

Moules Baignées

longueur. Ajoutez les pommes de terre et le pied de céleri-rave épluchés et découpés en morceaux de taille moyenne, la carotte grattée et découpée en rondelles, les gousses entières d'ail, une cuillerée et demie de sel et 3 verres d'eau. Couvrez et faites cuire sur feu moyen pendant 20 minutes. Ajoutez les poissons, nettoyés, lavés et coupés en grosses tranches, une $^1/_2$ cuillerée à thé de sel et le reste de l'huile d'olive. Couvrez et laissez cuire pendant 15 minutes. Retirez du feu. Versez le jus de citron. Décorez avec du persil haché. Laissez refroidir avant de servir.

USKUMRU DOLMASI
MAQUEREAUX FARCIS
Pour 6 personnes

$1^1/_2$ kg. de gros maquereaux,
1 verre d'huile d'olive, 6 gros oignons,
75 gr. de noix, 25 gr. de pignons,
25 gr. de raisins de Corinthe,
1 bouquet d'aneth, 1 bouquet de persil,
$^1/_2$ c.t. de cumin, $^1/_2$ c.t. de maniguette,
$^1/_2$ c.t. de poivre, 1 c.t. de sel
Pour faire frire :
150 gr. de farine, 250 gr. de chapelure,
4 œufs, $1^1/_4$ verres d'huile

Nettoyez et lavez bien les maquereaux. Pressez entre le pouce et l'index, du queue vers la tête, pour détendre la chair de chacun. Puis, cassez l'arête à 1 cm au-dessus du queue et au-dessous de la tête. Prenez l'arête de la partie supérieure et tirez légèrement vers la gauche et la droite pour l'"ôter. Prenez le poisson du queue, pressez de nouveau vers le haut pour faire sortir de la gorge toute la chair. Hachez-la à l'aide d'un couteau. Videz tous les maquereaux de la même façon.
Chauffez l'huile d'olive dans une casserole. Faites revenir les oignons hachés. Ajoutez les noix écrasées, les pignons, les raisins, les épices et la chair des poissons. Sautez pendant 5 minutes. ajoutez l'aneth et le persil hachés. Mélangez bien et retirez du feu. Remplissez les maquereaux étroitement avec cette farce. Passez-les d'abord dans la farine, puis dans le œufs battus et finalement dans la chapelure. Chauffez l'huile dans une poêle. Faites dorer les poissons, 4 ou 4 à la fois, et égouttez-lez bien. Laissez refroidir avant de servir.

MİDYE DOLMA
MOULES FARCIES
Pour 6 personnes

20 grosses moules (dans leurs coquilles),
5 c.s. de sel,
Pour la farce :

1 verre de riz, 5 à 6 oignons,
$^3/_4$ de verre d'huile d'olive,
1 c.s. de pignons, 1 c.s. de raisins de Corinthe, $1^1/_2$ c.t. de sel, 3 c.t. de sucre,
1 c.t. de cumin, 1 c.t. de maniguette

Préparez la farce avec les ingrédients ci-dessus, de la même façon indiquée à la page. (On n'utilise pas l'aneth et la menthe pour cette recette.) Saupoudrez les moules de sel et laissez pour 1 heure. Nettoyez bien les coquilles en grattant avec un couteau. Lavez-les.

Insérez un couteau de 2 cm. en travers du côté long de chaque coquille et ouvrez-la soigneusement en laissant l'atre côté uni. Otez toutes les saletés et lavez. Remplissez bien chaque coquille avec la farce et fermez-les. Mettez-les dans une casserole côte à côte. Ajoutez $^3/_4$ de verre d'eau. Placez un petit plat renversé sur les coquilles. Couvrez et faites cuire sur feu vif pendant 30 minutes, jusqu'à ce que toute l'eau soit absorbée.

Laissez refroidir. Servez-les accompagnées des quarts de citron.

Moules Farcies

Perches de Mer Grillées

LÜFER IZGARA

PERCHES DE MER GRILLÉES

Pour 4 personnes

4 perches de mer de taille moyenne,
1/2 tasse d'huile d'olive, 1 citron,
1 oignon, Sel, Persil

Nettoyez, lavez et égouttez bien les poissons. Saupoudrez de sel et laissez reposer pendant une heure. Brossez légèrement avec l'huile d'olive. Mettez à griller sur un barbecue pendant 8 à 18 minutes, dépendant de la taille du poisson. Disposez-les dans un plat de service. Versez le jus du citron mélangé avec un peu d'huile. Servez accompagnés de l'oignon découpé finement en longueur. (Découpez l'oignon, saupoudrez de sel, pétrissez et pressez dans les paumes des mains. Lavez et égouttez bien. Mélangez avec du persil haché.)

HÜNKÂRBEĞENDİ

PURÉE D'AUBERGINES À LA VIANDE (OU AU POULET) "LE DÉLICE DU SULTAN"

Pour 6 personnes

1 kg. de viande de mouton,
2 c.s. de margarine,
3 oignons de taille moyenne,
2 tomates de taille moyenne ou
40 gr. de sauce tomate, 2 c.t. de sel,
$^1/_2$ c.t. de poivre
Pour la purée :
$1^1/_2$ kg. d'aubergines, 2 c.s. de margarine,
2 c.s. de farine, $1^1/_2$ verres de lait,
50 gr. de fromage rapé, 2 c.t. de sel

Faites revenir les oignons hachés dans la margarine. Ajoutez la viande découpée en petits cubes. Faites cuire sur feu moyen en remuant de temps en temps.
Ajoutez les tomates épluchées et découpées en petits morceaux. Faites cuire jusqu'à ce que le jus soit absorbé. Ajoutez du sel et du poivre, et 2 verres d'eau chaude. Couvrez et laissez mijoter pendant 1 heure et demie.
La purée aubergine :
Faites fondre la margarine dans une casserole. Ajoutez la farine et faites revenir sur feu moyen. Retirez du feu. Faites griller les aubergines entières sur la flamme du gaz jusqu'à ce qu'elles soient brûlés à l'extérieur et bien cuites dedans. Prenez chaque aubergine par la queue et épluchez en longueur à l'aide d'un couteau. Ecrasez les pulpes. Ajoutez-les à la farine dorée. Mettez la casserole sur feu moyen et faites cuire les aubergines pendant 5 à 6 minutes, en remuant tout le temps.
Ajoutez lentement du lait chaud, du sel et finalement le fromage rapé. Mélangez bien et servez tout de suite accompagnée de la viande ou d'un ragoût de poulet.

KAPUSKA

CHOU BRAISÉ

Pour 6 personnes

1 chou de 1 kg. et demi,
3 gros oignons,
8 c.s. de margarine,
250 gr. de viande de mouton,
2 tomates de taille moyenne ou
2 c.s. de sauce tomate,
2 verres de bouillon de viande ou de l'eau,
2 c.t. de sel $^1/_2$ c.t. de poivre

Faites fondre la margarine dans une casserole. Faites revenir les oignons hachés et la viande découpée en petits cubes. Laissez cuire sur feu moyen pendant 20 à 30 minutes, en remuant de temps en temps, jusqu'à ce que l'eau soit absorbée.
Ajoutez les tomates épluchés et découpées en petits morceaux (ou bien la sauce tomate diluée dans un $^1/_2$ verre d'eau), du sel et du poivre et le bouillon. Couvrez et laissez mijoter pendant 40 minutes.
Coupez le chou en deux. Enlevez le cœur et hachez-les finement. Ajoutez à la viande, couvrez et faites cuire sur feu moyen pendant 1 heure et demie.

PATLICAN MUSAKKA

MOUSAKKA D'AUBERGINES

Pour 6 personnes

6 aubergines de taille moyenne,
$1^1/_2$ c.s. d'huile, $2^1/_2$ c.s. de margarine,
3 oignons de taille moyenne, 2 grosses
tomates, 150 gr. de viande hachée,
5 piments, $1^1/_2$ verres de bouillon de viande
ou de l'eau, $1^1/_2$ c.t. de sel

Otez les queues et épluchez les aubergines en bandes à la longueur. Coupez les en deux en

longueur et puis découpez chacun en morceaux de 3 à 4 cm. Laissez-les dans l'eau salée pendant $^1/_2$ heure.
Faites revenir les oignons hachés dans la margarine. Ajoutez la viande hachée. Faites sauter jusqu'à ce que le jus soit absorbé. Ajoutez les tomates épluchées et découpés en petits morceaux. Faites cuire.
Chauffez l'huile. Egouttez les aubergines. Pressez légèrement pour extraire l'exces d'eau. Séchez et faites-les frire.
Disposez-les dans une bassine. Etalez la viande hachée. Mettez une couche de tomates en rondelles et une autre de piments. Saupoudrez de sel. Couvrez et laissez mijoter pendant 20 à 30 minutes.
(On peut le faire griller au four, mais il faut le couvrir pendant les premières 20 minutes).
Servez accompagné de riz.

KARNIYARIK

AUBERGINES FARCIES À LA VIANDE HACHÉE

Pour 6 personnes

6 aubergines de taille moyenne,
$^1/_2$ verre d'huile,
3 oignons de taille moyenne,
175 gr. de viande hachée,
2 c.s. de margarine,
3 grosses tomates,
6 piments,
$1^1/_2$ c.t. de sel

Otez les queues des aubergines et épluchez-les en bandes à la longueur. Avec un couteau faites une incision profonde à la longueur d'un côté de chaque aubergine. Laissez-les dans l'eau salée pendant une $^1/_2$ heure.
Faites revenir les oignons hachés dans la margarine. Ajoutez la viande hachée et faites rissoler pendant 10 minutes. Ajoutez les tomates épluchées et découpées en petits morceaux et du sel. Faites cuire jusqu'à ce que le jus soit absorbé.
Chauffez l'huile dans une poêle. Egouttez les pour extraire l'exces d'eau. Séchez et faites-les dorer dans l'huile.
Disposez les aubergines côte à côte dans une bassine et ouvrez les fentes. Remplissez-les avec la farce de viande hachée. Mettez une tranche de tomate et un piment entier sur chacune. Versez un peu d'eau. Couvrez et laissez mijoter pendant 30 à 40 minutes.
Servez accompagné de riz.

KIŞ TÜRLÜSÜ

RAGOÛT AUX LÉGUMES D'HIVER

Pour 6 personnes

250 gr. de mouton,
4 c.s. de margarine,
2 oignons de taille moyenne,
3 pommes de terre de taille moyenne,
2 pieds de céleri-rave de taille moyenne,
2 carottes taille moyenne,
2 poireaux,
4 verres de bouillon de viande
ou de l'eau,
2 c.t. de sel

Faites cuire la viande tel qu'on a expliqué cidessus pour la recette de "ragoût aux légumes d'été".
Epluchez les pieds de céleri et découpez-les en tranches d'un cm. Trempez-les dans 1 verre d'eau.
Nettoyez les poireaux et découpez-les en mor-

Aubergines Farcies à la Viande Hachée

ceaux de 3 cm. Ajoutez-les au céleris.
Faites cuire les céleris et les poireaux avec 1 cuillerée à soupe de margarine, sur feu vif, pendant 15 à 20 minutes, en remuant de temps de temps. Ajoutez à la viande.
Faites fondre 2 cuillerées à soupe de margarine dans une petite casserole. Ajoutez les carottes grattées et les pommes de terre épluchées, découpées en rondelles de $^{1}/_{2}$ cm. Faites sauter pendant 10 minutes. Ajoutez à la viande.
Saupoudrez de sel. Versez le bouillon ou l'eau. Couvrez et laissez cuire sur feu doux jusqu'à ce qu'ils soient tendres.

YAZ TÜRLÜSÜ
RAGOÛT AUX LÉGUMES D'ÉTÉ
Pour 6 personnes

250 gr. de viande de mouton,
4 c.s. de margarine,
2 oignons de taille moyenne,
250 gr. d'haricots verts,
2 courgettes de taille moyenne,
2 aubergines de taille moyenne,
150 gr. de gombos,
3 grosses tomates,
6 poivrons,
4 verres de bouillon de viande ou de l'eau,
4 c.s. de vinaigre,
2 c.s. de sel

Faites revenir les oignons hachés dans la margarine. Ajoutez la viande découpée en morceaux (avec les os) et 1 cuillerée à thé de sel. Couvrez et faites cuire sur feu moyen pendant 20 à 25 minutes, en remuant de temps en temps.
Enlevez les bouts et les fils des haricots et découpez-les en deux. Grattez les courgettes et découpez-les d'abord en quatre à la longueur et puis chacun en morceaux de 3 à 4 cm. Trempez les haricots et les courgettes dans l'eau. Epluchez les aubergines en bandes à la longueur. Découpez-lez comme les courgettes. Trempez-les dans l'eau salée.
Enlevez les capuchons des gombos en forme conique. Saupoudrez du sel et du vinaigre, mélangez bien.
Faites bouillir sur feu vif, pendant 15 à 20 minutes, les haricots verts et les courgettes dans 1 verre d'eau (ou de bouillon de viande) avec 1 cuillerée à soupe de margarine.
Faites fondre 2 cuillerée à soupe de margarine

Ragoût Aux Légumes d'Été

dans une casserole. Egouttez les aubergines, pressez et séchez bien. Faites dorer légèrement.

Lavez les gombos. Ajoutez-les aux haricots et courgettes. Etalez la viande et versez la sauce. Mettez une couche de tomates en rondelles, une couche d'aubergines, une autre de tomates et de poivrons épépinés et découpés en morceaux.

Saupoudrez de sel. Versez du bouillon de viande. Couvrez et laissez cuire sur feu moyen pendant 1 heure et demie.

LAHANA FIRIN

CHOU AU GRATIN

Pour 6 personnes

1 chou de 1 kg. et demi,
250 gr. de viande hachée, 2 gros oignons,
6 c.s. de margarine, 2 verres de bouillon de viande ou de l'eau, 50 gr. de fromage rapé,
2 c.s. de sauce tomate, 1 verre de lait,
3 œufs, 2 c.t. de sel, $^1/_2$ c.t. de poivre

Otez les feuilles extérieures du chou. Coupez-le en deux, enlevez le cœur. Hachez-le fine-

ment, lavez et égouttez. Faites fondre la margarine dans une casserole. Faites revenir les oignons hachés. Ajoutez la viande et sautez jusqu'à ce que le jus soit absorbé.
Ajoutez le chou, du sel et du poivre. Faites cuire sur feu vif, en remuant de temps en temps, pendant 30 á 35 minutes. Ajoutez la sauce tomate diluée dans un $^1/_2$ verre de bouillon de viande ou d'eau. Couvrez et laissez mijoter jusqu'à ce que le chou soit bien cuit et tout le bouillon soit absorbé. Laissez refroidir. Disposez-le dans un plat de four creux. Saupoudrez du fromage rapé. Battez les œufs dans un bol. Ajoutez du lait. Versez-le sur le chou. Mettez à dorer au four moyen pendant 30 à 40 minutes. Coupez-le en carrés avant de servir.

PATLICAN KEBABI

KEBAB D'AUBERGINES

Pour 6 personnes

1 kg. de viande de mouton,
2 c.s. de margarine, 3 c.s. d'huile,
2 gros oignons,
2 tomates de taille moyenne,
ou 2 c.s. de sauce tomate,
4 aubergines de taille moyenne,
2 c.t. de sel, $^1/_2$ c.t. de poivre

Coupez les aubergines en 4 morceaux en longueur et chacun en morceaux de 4 cm. Trempez-les dans l'eau salée pendant une $^1/_2$ heure. Egouttez-les et pressez légèrement pour extraire l'excés d'eau. Chauffez l'huile et la margarine ensemble. Faites frire les aubergines légèrement. Retirez-les. Dans la même casserole, sautez à feu vif la viande découpée en cubes (sautez la viande en deux parties). Retirez-la. Dans la même casserole, faites rissoler les oignons finement découpés en lon-

Kebab d'Aubergines

gueur. Ajoutez les tomates épluchées et découpées en petits morceaux. Laissez cuire pendant 2 minutes. Ajoutez la viande, du sel, du poivre et 2 verres d'eau. Couvrez et laissez mijoter pendant 1 heure et demie. Ajoutez les aubergines et faites cuire encore 30 minutes.

PATLICAN OTURTMA
AUBERGINES À LA VIANDE HACHÉE

Pour 4 personnes

3 grosse aubergines,
1/2 verre d'huile,
1 1/2 c.s. de margarine,
2 oignons de taille moyenne,
150 gr. de viande hachée,
3 tomates de taille moyenne,
2 petits poivrons, 1/2 bouquet de persil,
1 c.t. de sel, 1/2 c.t. de poivre

Epluchez les aubergines en bandes à la longueur et découpez-les en rondelles de 2 cm de largeur. Laissez-les dans l'eau salée pendant une 1/2 heure. Faites revenir les oignons hachés dans la margarine. Ajoutez la viande hachée et faites rissoler pendant 10 minutes. Ajoutez 2 tomates épluchées et découpées en petits morceaux, du sel et du poivre. Laissez cuire jusqu'à ce que le jus soit absorbé. Ajoutez le persil haché.
Chauffez l'huile. Egouttez les aubergines. Pressez légèrement pour extraire l'exces d'eau. Séchez et faites frire les deux côtés.
Disposez-les côte à côte dans une bassine. Sur chaque rondelle mettez une cuillerée de viande hachée et une tranche de tomate. Versez 1 verre d'eau. Couvrez et laissez cuire sur feu moyen pendant 30 à 35 minutes.
Servez accompagné de riz.

LES LÉGUMES FARCIS (DOLMALAR)

Les différentes sortes de plats délicieux de légumes farcis sont divisés en deux groupes: les farcis à la viande hachée, servis chauds, en générale accompagnés de yaourt; et les farcis au riz, cuits à l'huile d'olive et servis refroidis comme deuxième plat.

ETLİ DOLMA İÇİ
FARCE À LA VIANDE HACHÉE-I

500 gr. de viande hachée,
2 c.s. de margarine,
2 oignons de taille moyenne,
3/4 tasse de riz,
2 tomates de taille moyenne,
sel, poivre,
1/2 bouquet d'aneth

Faites revenir les oignons hachés dans la margarine. Ajoutez le riz avec 3/4 de tasse d'eau. Couvrez et faites cuire sur feu moyen pendant 10 minutes, jusqu'à ce que toute l'eau soit absorbée.
Retirez du feu. Ajouter la viande hachée, l'aneth haché, les tomates épluchées et découpées en petits morceaux, 1 cuillerée à thé de sel et 1/2 cuillerée à thé de poivre. Mélangez bien en pétrissant pendant 5 minutes.

ETLİ DOLMA İÇİ
FARCE À LA VIANDE HACHÉE-II

500 gr. de viande hachée,
2 oignons de taille moyenne, hachés,
3/4 de tasse de riz, $^1/_2$ bouquet d'aneth
haché, 1 c.t. de sel, $^1/_2$ c.t. de poivre,
1 tasse d'eau

Mélangez bien tous les ingrédients. Cette farce n'est pas aussi bonne que l'autre, mais elle est plus légère et plus facile à préparer.

TERBİYELİ KEREVİZ
CÉLERIS-RAVE A LA SAUCE D'ŒUF

Pour 6 personnes

4 pieds de cèleris-rave, de taille moyenne,
4 c.s. de margarine,
250 gr. de viande de mouton,
2 oignons de taille moyenne,
2 c.t. de sel, $^1/_2$ c.t. de poivre,
3 verres de bouillon de, viande ou de l'eau,
1 œuf, jus d'un citron

Faites fondre la margarine dans une casserole. Ajoutez les oignons hachés, la viande découpée en cubes, du sel et du poivre. Couvrez et laissez cuire sur feu moyen pendant 25 minutes, en remuant de temps en temps. (Ne faites pas revenir les oignons et la viande, sinon, les céleris se noircissent.)
Epluchez les céleris. Découpez-les d'abord en deux, puis en tranches d'un cm et jetez-les tout de suite dans l'eau avec le jus d'un demi citron.
Egouttez les céleris. Faites-les cuire sur feu vif, pendant 10 minutes, dans un $^1/_2$ verre d'eau ou de bouillon de viande avec 2 cuillerées à soupe de margarine.
Disposez la viande au milieu d'une bassine. Mettez les tranches de céleris tout autour. Saupoudrez du sel. Versez le reste du bouillon. Couvrez et laissez cuire sur feu moyen pendant 20 à 30 minutes, jusqu'à ce qu'ils soient tendres.
Egouttez la sauce. Renversez la viande et les céleris dans un plat de service.
Battez l'œuf avec le jus d'un citron. Ajoutez lentement la sauce chaude, en battant tout le tempe. Versez sur la viande et les céleris. Servez tout de suite.

ETLİ KABAK DOLMASI
COURGETTES FARCIES À LA VIANDE HACHÉE

Pour 6 personnes

1 kg. de courgettes de taille moyenne,
1 c.s. de margarine, 3 grosses tomates ou,
50 gr. de sauce tomate, sel, aneth,
farce à la viande hachée (page 58)

Grattez la peau des courgettes, découpez les bouts. Si elles sont trop grandes, coupez-les en deux.
Creusez l'intérieur des courgettes à l'aide d'un couteau, en prenant soin de ne pas percer l'autre extrémité.
Remplissez les courgettes avec la farce. Bouchez chacune avec un morceau de courgette ou de tomate.
Disposez-les dans une casserole. Ajoutez la margarine et 1 verre d'eau. Couvrez et faites cuire sur feu moyen pendant 20 minutes.
Saupoudrez de sel. Ajoutez les tomates épluchées et découpée en petits morceaux ou bien la sauce tomate diluée dans 2 verres d'eau. Couvrez et laissez cuire encore 20 minutes, jusqu'à ce que les courgettes soient tendres.
Disposez-les dans un plat da service Décorez avec des feuilles d'aneth. Servez chaud, accompagné de yaourt battu à l'ail.

ETLİ DOMATES DOLMASI
TOMATES FARCIES
À LA VIANDE HACHÉE
Pour 6 personnes

12 tomates dures de taille moyenne,
3 c.s. de margarine,
$^1/_2$ c.s. de sel,
Farce à la viande hachée (page 58.)

Découpez autour de la base de la queue des tomates; conservez les parties découpées. Retirez les pépins et la pulpe des tomates à l'aide d'une cuillère à café. (Découpez les pulpes en petits morceaux pour les utiliser dans la farce à la viande hachée.)
Remplissez les tomates avec la farce et bouchez chacune avec son couvercle découpé. Placez-les dans une casserole.
Ajoutez 1 verre et demi d'eau, la margarine et du sel. Couvrez et faites cuire sur feu moyen pendant 30 à 35 minutes.
Servez-les chaudes, accompagnées de yaourt battu à l'ail.

ETLİ BİBER DOLMASI
POIVRONS FARCIS
À LA VIANDE HACHÉE
Pour 6 personnes

12 poivrons de taille moyenne,
3 c.s. de margarine,
$^1/_2$ c.s. de sel,
Farce à la viande hachée (page58.)

Découpez autour de la queue des poivrons. Otez les graines. Lavez et égouttez.

Tomates Farcies à la Viande Hachée

Remplissez les poivrons avec la farce à la viande hachée. Obturez-les avec leurs couvercles ou bien avec un morceau de tomate. Desposez-les au fond d'une casserole, les couvercles tournés vers le haut.
Versez 2 verres et demi d'eau, ajoutez la margarine et du sel. Couvrez et faites cuire sur feu moyen pendant 40 à 50 minutes.
Servez-les chauds, accompagnés de yaourt battu á l'ail.

BAMYA KIYMALI
GOMBOS AU HACHIS

750 gr de gombos, 100 gr de beurre (5 cuillérées à soupe), 250 gr d'oignons (3 grands oignons), 300 gr de motase (3 tomates moyennes), 150 gr de hachis, 2 poivrons verts, le jus d'un citron, 3 verres d'eau, Pour baigner les gombos : 1 tasse et demie de vinaigre, sel

Couper en pointe les têtes des gombos et, pour que l'eau puisse les pénétrer, couper aussi légèrement le bout pointu. Afin qu'ils ne déversent pas leur bave, ajouter 2 cuillérées à soupe rases de sel et une tasse et demie à café de vinaigre, mélanger et laisser reposer environ une demiheure. Metter dans une casserole 5 cuillérés à soupe de beurre et l'oignon finement coupé, faire revenir pendant une dizaine de minutes, y ajouter le hachis, les tomates râpées et, après avoir laissé cuire encore 5 minutes, les poivrons coupés en petits morceaux, le jus de citron et les gombos, trempés dans le vinaigre et le sel, aprés avoir été lavés à grande eau. Couvrir et laisser cuire jusqu'à ce qu'ils deviennent tendres, pendant 40 minutes, d'abord à feu vif et ensuite à feu moyen.

KARNABAHAR MUSAKKA

MOUSAKKA DE CHOU-FLEUR

Pour 6 personnes

1 gros chou-fleur,
4 c.s. de margarine,
2 gros oignons,
1 grosse tomate,
200 gr. de viande hachée,
2 verres de bouillon de viande ou de l'eau,
2 c.t. de sel,
1 citron

Faites fondre la margarine dans une casserole. Ajoutez les oignons finement hachés et faites-les revenir pendant 5 minutes. Ajoutez la viande hachée et faites sauter jusqu'à ce que le jus soit absorbé. Ajoutez la tomate épluchée et découpée en petits morceaux, du sel et du poivre et le bouillon. Couvrez et laissez mijoter.
Otez les feuilles et la cœur du choufleur.
Mettez de l'eau dans une grande casserole avec du sel et le jus du citron. Mettez le chou-fleur lorsqu'il commence a bouillir. Faites cuire sur feu vif pendant 5 à 6 minutes. Egouttez et divisez en morceaux.
Ajoutez les morceaux de chou-fleur à la viande hachée et laissez mijoter pendant 45 minutes, jusqu'à ce qu'ils soient tendres.

Gombos au Hachis

ETLİ KURU FASULYE
HARICOTS SECS A LA VIANDE

500 gr de haricots secs,
2 oignons,
250 de viande coupée en morceaux,
2 cuillérées à soupe de beurre,
1 cuillérée de sauce, sel

Les haricots sont mis à tremper dans l'eau pendant 12 heures après avoir été lavés. Ils sont ensuite retirés de l'eau et ils sont ensuite placés dans une casserole, contenant une bonne quantité d'eau, pour être bouillis. Egouttez. Hettez dans une casserole le beurre, l'oignon coupé et la viande, en remuant. Allongez la sauce tomate avec deux verres d'eau. Ajoutez-la à la viande en même temps que les haricots. Faites cuire à feu doux. On peut ajouter si l'on veut un petit poivron rouge.

SEBZELİ KÂĞIT KEBABI
AGNEAU EN PAPILLOTE AUX LÉGUMES

Pour 6 personnes

1 kg. d'agneau (sans os),
2 oignons de taille moyenne,
3 c.s. de margarine,
2 petites tomates ou,
2 c.s. de sauce tomate,
2 petites carottes,
100 gr. de petits pois (en conserve),
2 bouquets d'aneth,
1 c.s. de vinaigre,
2 cs.s. de thym,
3 cs.s. d'huile,
2 c.t. de sel,
1/2 c.t. de poivre

Haricots Secs a la Viande

Chauffez la margarine dans une casserole. Ajoutez la viande découpée en gros morceaux et dorez-les.
Ajoutez les oignons finement hachés, les carottes grattées et découpées en petits bâtons, un bouquet d'aneth haché et le sel. Mélangez et faites-les revenir, en remuant de temps en temps, jusqu'à ce que tout le jus soit absorbé.
Ajoutez le vinaigre, les tomates épluchées et découpées en petits morceaux. Laissez cuire encore 5 minutes.
Versez 1 verre d'eau chaude. Couvrez et laissez cuire sur feu moyen pendant 1 à 1 heure et demie.
Egouttez la viande et les légumes. Passez la sauce au tamis.
Chauffez l'huile. Faites frire légèrement les pommes de terre épluchées et découpées en cubes. Egouttez at ajoutez les aux carottes avec des petits pois, d'aneth haché et du thym.
Coupez 6 feuilles de papier huilé de 20 à 30 cm. Mettez au milieu de chacune, un morceau de la viande entouré de légumes et arrosé de la sauce. Pliez soigneusement les 4 côtés au-dessus pour faire des paquets bien fermés.
Placez les paquets côte à côte dans un plateau de four. Mouillez-les légèrement avec l'eau. Mettez-les au four et grillez à feu vif pendant 15 minutes.
Serves-les en papillotes.

ETLİ NOHUT

POIS-CHICHES À LA VIANDE

Pour 4 personnes

2 verres de pois-chiches,
250 gr. de viande de mouton,
découpée en cubes,
4 c.s. de margarine,
2 gros oignons,
2 grosses tomates of,
2 c.s. de sauce tomate,
4 à 5 verres de bouillon de,
viande ou de l'eau,
1 poivron, sel,
poivre rouge

Préparez les pois-chiches tel qu'on a expliqué pour la recette d'haricots secs à la viande (page 64.). La seule différence c'est qu'il faut tremper les poischiches dans l'eau "salée".

Pois-Chiches à la Viande

Beaucoups de différents plats de légumes frais ou bien secs constituent une grande partie de la cuisine turque. En générale on ne mange pas les légumes comme des simples garnitures avec les viandes, mais on les prépare comme des plats délicieux touts seuls. En dehors des plats chauds avec ou sans viande, les plats de "légumes frais à l'huile d'olive" (zeytinyağlı) méritent une mention spéciale. Ce sont des plats d'un certain légume cuit dans l'huile d'olive avec de l'oignon, de l'ail, du sel et du sucre et servi refroidi, d'habitude comme deuxième plat. Le plut notable parmi les légumes frais c'est l'aubergine. Il y a une grande gamme de plats d'aubergine, de la salade d'aubergine jusqu'à l'aubergine farcie, et même un dessert et une marmelade d'aubergines! On peut préparer les légumes secs avec ou sans viande, on peut les faire cuire avec l'huile d'olive, ou bien on peut les faire bouillir pour les servir comme des salades.

İMAMBAYILDI
AUBERGINES À L'HUILE D'OLIVE ("le délice de l'imam")

Pour 6 personnes

*6 aubergines de taille moyenne,
6 oignons de taille moyenne,
3 grosses tomates, 8 gousses d'ail,
$1^1/_2$ c.t. de sel, 4 c.t. de sucre,
1 verre d'huile d'olive, $^1/_2$ bouquet de persil*

Epluchez et découpez les oignons finement en longueur. Faites-les revenir dans l'huile d'olive avec les gousses entières d'ail. Ajoutez les tomates épluchées et decoupées en petits morceaux. Otez les queues des aubergines. Epluchez-les en bandes à la longueur et coupez-les en deux à la longueur. Disposez les aubergines côte à côte dans une bassine. Etalez les oignons et les tomates sautés. Saupoudrez du sel et du sucre. Versez 2 verres

Aubergines à l'Huile d'Olive ("le délice de l'imam"

d'eau. Couvrez et laissez cuire sur feu moyen jusqu'à ce qu'elles soient bien tendres.
Laissez refroidir. Disposez les aubergines dans un plat de service. Mettez des tas de garniture sur chacune et décorez les avec du persil haché. Versez la sauce d'un côté et servez.

ZEYTİNYAĞLI KEREVİZ
CÉLERIS-RAVE À L'HUILE D'OLIVE

Pour 6 personnes

3 pieds de céleris-rave de taille moyenne,
2 gros oignons,
6 petites carottes,
3 pommes de terre de taille moyenne,
1/2 verre d'huile d'olive,
2 c.t. de sel,
4 c.t. de sucre, 1 citron,
1/2 bouquet de persil

Epluchez les pieds de céleri et découpez-les en rondelles de 2 cm de largeur. Mettez-les tout de suite dans l'eau avec le jus de citron.
Faites chauffer l'huile dans une casserole. Ajoutez les oignons hachés et faites les revenir. Ajoutez les carottes grattées et les pommes de terres épluchées et découpées en petits cubes. Faites-les sauter pendant 5 minutes.
Ajoutez les rondelles de céleri, du sel, du poivre et 1 verre et demi d'eau avec le jus de citron. Couvrez et laissez mijoter pendant 45 minutes, jusqu'à ce qu'ils soient bien tendres.
Laissez refroidir. Risposez les céleris sur un plat de service. Mettez de la garniture sur chaque rondelle. Versez la sauce. Décorez avec du persil haché.

ZEYTİNYAĞLI DOLMA İÇİ
FARCE AU RIZ
(à l'huile d'olive)

1 verre de riz,
7 oignons de taille moyenne,
3/4 de tasse d'huile d'olive,
1 tomate de taille moyenne,
25 gr. de pignons,
25 gr. de raisins de Corinthe,
1/2 bouquet de menthe ou,
1 c.s. de menthe séche,
1 bouquet d'aneth,
1/2 c.t. de poivre,
2 c.t. de sel,
4 c.t. de sucre,
1 c.t. de canelle,
1 c.t. de maniguette

Trempez le riz dans l'eau tiède et laissez refroidir. Egouttez et lavez 3 ou 4 fois. Egouttez bien.
Faites revenir dans l'huile d'olive les oignons finement hachés avec 1 cuillerée à thé de sel et les pignons.
Ajoutez le riz et faites-les sauter pendant 10 minutes. Ajoutez la tomate épluchée et découpée en petits morceaux, le reste du sel, du poivre, du sucre et 3/4 de verre d'eau chaude. Mélangez bien et couvrez. Réduisez le feu lorsqu'il commence à bouillir et laissez mijoter pendant 10 à 15 minutes, jusqu'à ce que l'eau soit absorbée.
Ajoutez les épices et les herbes hachées. Couvrez bien et laissez pendant une 1/2 heure. Mélangez bien avant de l'utiliser pour les recettes.

ZEYTİNYAĞLI YAPRAK DOLMASI
FEUILLES DE VIGNE FARCIES AU RIZ
Pour 6 personnes

250 gr. de feuilles de vigne (grandes et fines), 1/2 citron, farce au riz (page 68)

Préparez la farce au riz de la même façon indiquée à la page. Mettez les feuilles dans l'eau bouillante et faites-les cuire pendant 5 minute. Egouttez-les et ôtez les queues. Mettez les queues au fond de la casserole. (Si le feuilles sont trop grandes, divisez-les en deux et enlevez les nervures grosses).
Mettez chaque feuille dans un plat. Mettez une cuillerée de la farce au milieu de la feuille. Pliez les deux côtés au-dessus et faites rouler vers la pointe de la feuille comme une cigarette. Placez les feuilles farcies étroitement côte à côte dans la casserole. Arrosez du jus de citron. Ajoutez 1 verre d'eau. Placez un petit plat renversé sur les feuilles farcies. Couvrez et faites cuire sur feu doux pendant 1 heure jusqu'à ce que toute l'eau soit absorbée. Laissez refroidir. Disposez sur un plat de service et servez accompagné de tranches de citron.

Feuilles de Vigne Farcies au Riz

ZEYTİNYAĞLI PATLICAN DOLMASI

AUBERGINES FARCIES AU RIZ

Pour 6 personnes

6 grosses aubergines,
3/4 de tasse d'huile d'olive,
1 c.t. de sel, Farce au riz (page 68)

Otez les queues des aubergines.
Découpez un bouchon conique du bout plat de chacune. Creusez l'intérieur à l'aide d'un couteau. Lavez les aubergines et laissez-les dans l'eau salée. Frottez les pulpes des aubergines avec un peu de sel et pressez dans les paumes des mains pour extraire le jus.
Ajoutez les pulpes à la farce au riz (pendant la cuisson). Remplissez les aubergines avec la farce et bouchez chacune avec le morceau découpé. Disposez-les côte à côte dans une casserole. Saupoudrez de sel. Versez 1 verre d'eau. Couvrez et faites cuire sur feu doux pendant 45 à 60 minutes, jusqu'à ce qu'elles soient tendres. Laissez refroidir avant de servir.

ZEYTİNYAĞLI PIRASA

POIREAUX À L'HUILE D'OLIVE

Pour 6 personnes

1 kg. de poireaux,
1 carrotte de taille moyenne,
$1/2$ verre d'huile d'olive, 2 c.s. de riz,
2 c.t. de sel, 4 c.t. de sucre,
$1/2$ bouquet de persil, 1 citron

Nettoyez les poireaux et découpez-les en morceaux de 3 à 4 cm de longueur. Lavez et égouttez-les.
Grattez et découpez la carotte en rondelles.
Chauffez l'huile d'olive dans une casserole. Ajoutez les poireaux et la carotte. Faites revenir sur feu moyen pendant 15 à 20 minutes, en remuant de temps en temp.
Ajoutez du riz, du sel, du sucre et 1 ou 2 verres d'eau. Mélangez bien. Couvrez et laissez cuire sur feu doux pendant 40 minutes.
Laissez refroidir. Disposez dans un plat de service. Décorez avec du persil haché et servez accompagné de quarts de citron.

ZEYTİNYAĞLI BİBER DOLMASI

POIVRONS FARCIES AU RIZ

Pour 8 personnes

16 poivrons de taille moyenne,
4 petites tomates (facultatif),
$1/4$ de verre d'huile d'olive,
1 c.t. de sel, Farce au riz (page 68).

Préparez la farce. Découpez autour de queue des poivrons. Enlevez les graines. Lavez et égouttez. Remplissez les poivrons, pas trop serrés, avec la farce et bouchez-les avec leurs couvercles ou bien avec des morceaux de tomate. Disposez-les côte à côte dans une casserole, les couvercles vers le haut. Saupoudrez de sel. Ajoutez l'huile d'olive et 3/4 de verre d'eau. Couvrez et faites cuire sur feu doux pendant 45 à 60 minutes, jusqu'à ce que l'eau soit absorbée et les poivrons soient tendres.
Laissez refroidir avant de servid.

ZEYTİNYAĞLI LAHANA DOLMASI

FEUILLES DE CHOU FARCIES AU RIZ

Pour 6 personnes

1 chou (1-1$1/2$ kg.), 1 c.s. d'huile d'olive,
3 c.s. de sel, Farce au riz
(sans aneth, ni menthe)

Préparez les feuilles de chou tel qu'on a expliqué pour la recette de "feuilles de chou farcies à la viande hachée".
Remplissez les feuilles avec la farce au riz et faites rouler chacune comme une cigarette.
Disposez-les soigneusement côte à côte dans une casserole.

Ajoutez l'huile d'olive et 1 verre d'eau. Saupoudrez de sel. Couvrez et faites cuire sur feu doux pendant 45 à 60 minutes, jusqu'à ce que l'eau soit absorbée et les feuilles soient tendres.
Laissez refroidir avant de servir accompagnées d'un citron en tranches.

Feuilles de Chou Farcies au Riz

Haricots Verts à l'Huile d'Olive

ZEYTİNYAĞLI YEŞİL FASULYE
HARICOTS VERTS
À L'HUILE D'OLICE
Pour 6 personnes

1 kg. d'haricots verts, 1 verre d'huile d'olive,
3 oignons de taille moyenne, 1 piment,
2 grosses tomates, 2 c.t. de sel,
3 c.t. de sucre

Enlevez les bouts et les fils des haricots, découpez-les en deux, et lavez.

Chauffez l'huile d'olive dans une casserole. Faites revenir les oignons hachés. Ajoutez les tomates épluchées et découpées en petits morceaux, le piment découpé en morceaux, les haricots, le sel et le sucre. Mélangez bien. Versez 2 ou 3 verres d'eau chaude.

Couvrez et laissez cuire sur feu doux pendant 1 heure jusqu'à ce que les haricots soient tendres et la sauce soit reduite.

Laissez refroidir avant de servir.

Àrtichauds a l'Huile d'Olive

ZEYTİNYAĞLI ENGİNAR

ÀRTICHAUDS A L'HUILE D'OLIVE

Pour 8 personnes

8 gros artichauds, 18 petits oignons,
3 pommes de terre de taille moyenne,
1 pied de céleri-rave, 3 petites carottes,
jus d'un citron, 2 c.s. de farine,
1 verre d'huile d'olive, 1 c.s. de sel,
2 c.s. de sucre

Mettez dans 10 verres d'eau 2 cuillerées à soupe de farine et le jus d'un citron. Mélangez bien.

Epluchez les oignons. Epluchez et découpez en petits cubes les pommes de terre, les carottes et le céleri-rave. Mettez tous dans l'eau.

Otez les feuilles des artichauds. Enlevez les parties filandreuses et épluchez de façon à ne laisser que les cœurs et des queues courtes. Jetez-les tout de suite dans l'eau avec les autre légumes.

Disposez les artichauds dans une bassine. Ajoutez les légumes, l'huile d'olive, du sel, du sucre, le jus d'un demi citron et 5 verres de la même eau. Couvrez et faites cuire sur feu moyen pendant 1 heure, jusqu'à ce que les artichauds soient bien tendres.
Laissez refroidir avant de disposer dans un plat de service.

ZEYTİNYAĞLI BAKLA
FÈVES À L'HUILE D'OLIVE
Pour 4 personnes

1 kg. de fèves fraîches
(pas plus grandes que les haricots verts),
2 oignons de taille moyenne,
150 gr. d'huile d'olive,
2 à 3 c.s. de farine,
$^1/_2$ citron, sel, sucre,
500 gr. de yaourt
(battu avec de l'ail)

Découpez les deux bouts des fèves et enlevez les fils s'il est nécassaire. Lavez et égouttez. Mettez-les dans 2 verres d'eau avec 2 à 3 cuillerées de farine, le jus d'un demi citron et 2 cuillerées à thé de sel. Faites revenir les oignons hachés dans l'huile d'olive. Ajoutez les fèves avec l'eau et 1 cuillerée à soupe de sucre. Couvrez et faites cuire sur feu doux pendant 1 heure à 1 heure et demie, jusqu'à ce qu'elles soient tendres. Laissez refroidir. Disposez-les dans un plat de service. Décorez d'aneth haché. Servez accompagné du yaourt battu avec de l'ail.

BARBUNYA PİLAKİ
HARICOTS ROUGES FRAIS À L'HUILE D'OLIVE
Pour 6 personnes

1 kg. d'haricots rouges frais,
2 poivrons,
2 oignons de taille moyenne,
2 tomates de taille moyenne,
1 carotte de taille moyenne,
4 gousses d'ail,
3/4 de verre d'huile d'olive,
2 c.t. de sel,
3 c.t. de sucre,
$^1/_2$ bouquet de persil,
1 citron

Ecossez les haricots rouges, Jetez-les dans l'eau bouillante et laissez bouillir sur feu moyen pendant 15 minutes. Egouttez.
Chauffez l'huile d'olive dans une casserole. Ajoutez les oignons hachés et faites-les revenir. Ajoutez les poivrons épépinés et découpés en morceaux, les carottes grattées et découpées en rondelles, les tomates épluchées et découpées en petits morceaux et les gousses entières d'ail. Faites-les revenir légèrement et ajoutez les haricots, le sel et le sucre. Mélangez bien. Versez l'eau suffisante pour les tremper. Couvrez et laissez cuire sur feu moyen, jusqu'à ce que les haricots soient tendres.
Laissez refroidir. Mettez dans un bol. Décorez avec du persil et servez accompagné de tranches de citron.

KABAK MÜCVERİ
FRITURE DE COURGETTES
Pour 6 personnes

3 courgettes de taille moyenne, 2 oignons, 100 gr. de fromage blanc écrasé (facultatif), 1 petite tomate, 1 bouquet d'aneth, 1/2 bouquet de persil, 1 c.t. de sel, 1/2 c.t. de poivre, 1 c.t. de menthe séche, 4 œufs, 3 c.s. de farine, 1 1/2 verre d'huile

Grattez les courgettes et rapez-les. Saupoudrez de sel. Pétrissez et pressez dans les paumes des mains pour extraire l'excés d'eau. Egouttez bien. Ajoutez les oignons rapés, le fromage écrasé, la tomate épluchée et découpée en petits morceaux, l'aneth et le persil hachés, du sel, du poivre, de la menthe, les œufs et la farine. Mélangez-les bien. Chauffez l'huile dans une poêle. Mettez des cuillerées à soupe le mélange (4 ou 5 à la fois) et faites-les dorer les deux côtes. Egouttez bien et disposez dans un plat de service. Servez tout de suite.

Friture de Courgettes

La grande variété des plats de viande comprend les viandes grillées, les rôtis, les ragoûts, les terrines et les fameux "köfte", c'est à dire, différentes sortes de boulettes de viande hachée. La viande grillée la plus notable et typique est le "kebab tournant" (döner kebap) qu'on trouve seulement aux restaurants ou bien aux grands festins. C'est une grande broche verticale entourée de plusieures couches de viande de mouton, qui tourne devant une grille verticale. Lorsque l'extérieur de la viande est cuit, on la coupe verticalement, avec un grand couteau spécial, en feuilles minces qu'on sert accompagnées de riz.

TERBİYELİ KÖFTE
"KÖFTES" EN SAUCE D'ŒUF
Pour 6 personnes

750 gr. de viande hachée,
1 gros oignon, 2 c.s. de riz,
1 c.s. de margarine, 1 bouquet de persil,
2 c.t. de sel, 1/2 c.t. de poivre,
pour la sauce :
2 jaunes d'œuf ou 1 œuf entier,
jus d'un citron

Lavez et faites bouillir le riz pendant 15 minutes dans 2 verres d'eau. Egouttez et ajoutez à la viande hachée avec l'oignon rapé, sel et poivre. Pétrissez pendant 5 minutes.
Prenez des morceaux de la taille d'une petite noix et faites rouler chacun entre les paumes de vos mains pour faire des petites boulettes. Disposez-les dans un plateau avec du persil haché dedans. Secouez le plateau pour les faire coller.
Faites bouillir 2 verres et demi d'eau salée avec la margarine. Jetez les boulettes dedans. Couvrez et faites cuire sur feu moyen pendant 20 minutes.
Dans un petit bol battez 2 jaunes d'œuf avec le jus de citron. Ajoutez lentement en battant toujours, un 1/2 verre du bouillon chaud. Ajoutez-le aux boulettes. Retirez du feu. Mélangez bien et servez tout de suite.

KUZU BUĞULAMA
RAGOÛT D'AGNEAU AUX LÉGUMES
Pour 4 personnes

1 kg. d'agneau (coupés en gros morceaux),
50 gr. de margarine, 2 carottes de taille moyenne, 6 pommes de terres pouvelles, 2 oignons,
2 feuilles de laurier,
2 c.t. de thym,
sel, poivre

Ragoût d'Agneau Aux Légumes.

Sautez les morceaux d'agneau dans la margarine, avec les oignons epluchés et coupés en rondelles : Ajoutez du sel et du poivre. Versez de l'eau. Couvrez et laissez cuire sur feu moyen pendant 40 minutes. Grattez les carottes et coupez-les en rondelles; épluchez les pommes de terres et coupez-les en morceaux de taille moyenne. Ajoutez-les à la viande. Faites mijoter pendant une demie heure. Disposez dans un plat de service, saupoudrez de thym.

KADINBUDU KÖFTE

"KÖFTES" PASSÉS A L'ŒUF BATTU

("Cuisse de dame")

Pour 6 personnes

750 gr. de viande hachée (pas trop graisseuse), 2 gros oignons, 1 tasse de riz, $1^1/_2$ c.s. de margarine, 4 œufs, 2 c.t. de sel, $^1/_2$ c.t. de poivre, 1 verre d'huile

"Köftes" Passés a l'Œuf Battu

Chauffez la margarine dans une casserole. Faites revenir les oignons hachés. Ajoutez le riz lavé et égoutté, du sel et 1 verre d'eau. Couvrez et faites cuire sur feu moyen jusqu'à ce que l'eau soit absorbée.

Laissez refroidir.

Mettez la moitié de la viande hachée dans la même casserole et sautez sur feu vif jusqu'à ce que le jus soit évaporé. Retirez du feu et ajoutez l'autre moitié de la viande, 2 œufs, du sel, du poivre et le riz avec les oignons. Pétrissez bien pendant 5 minutes.

Prenez des morceaux de la taille d'un œuf et faites rouler chacun entre les paumes de vos mains pour l'arrondir, puis pressez légèrement pour donner une forme plate et ovale.

Chauffez l'huile dans une poêle. Battez 2 œufs dans un bol.

Passez chaque boulette dans les œufs battus et faites les frire les deux côtés sur feu moyen. Servez tout de suite, accompagnés de pommes de terre cuites.

İSLİM KEBABI
KEBAB À LA VAPEUR
Pour 6 personnes

1 kg. de viande de mouton (avec les os),
4 c.s. de margarine, 3 gros oignons,
3 tomates de taille moyenne,
3 aubergines de taille moyenne,
3 poivrons de taille moyenne,
3 c.t. de sel, 1/2 c.t. de poivre

Placez dans une casserole la viande découpée en morceaux de 150 gr. Mettez par couches : les oignons découpés en quatre, 2 des tomates épluchées et découpées en petits morceaux, les aubergines coupées en deux en longueur et chacun en morceaux de 3 à 4 cm, les poivrons épépinés et découpés en 2 ou 3 morceaux, 1 tomate découpée en rondelles, la margarine, sel et poivre et un 1/2 verre d'eau.
Couvrez bien pour garder la vapeur dedans et laissez cuire sur feu très doux pendant 1 heure et demie à 2 heures.

ÇÖMLEK KEBABI
TERRINE DE VIANDE AVEC DES LÉGUMES
Pour 6 personnes

1 kg. de viande de mouton,
4 c.s. de margarine,
1 douzaine de petits oignons,
150 gr. d'haricots verts,
1 grosse aubergine,
2 pommes de terre de taille moyenne,
2 carottes, 2 grosses tomates,
50 gr. de gombos,
2 poivrons, 2 c.t. de sel,
1/2 c.t. de poivre, 1/2 bouquet d'aneth

Dans une grande terrine disposez par couches: la viande découpée en cubes, un 1/3 des tomates découpées en rondelles, les haricots verts coupés en deux, les carottes grattées de découpées en petits bâlons, l'aubergine d'abord coupée en longueur et puis découpées chacun en morceaux, les oignons épluchés entiers, un 1/3 des tomates en rondelles, les poivrons épépinés et découpés en quatre, les pommes de terre découpés en gros cubes, les gombos nettoyés et le reste des tomates en rondelles.
Saupoudrez de sel, de poivre et d'aneth haché. Ajoutez la margarine et un 1/2 verre d'eau. Couvrez et laissez cuire sur feu très doux pendant 2 heures.

SIĞIR PAPAZ YAHNİSİ
ROGOÛT DE BŒUF
Pour 6 personnes

800 gr. de bœuf,
découpé en gros cubes,
4 c.s. de margarine,
500 gr. de petits oignons,
10 gousses d'ail,
3 c.s. de vinaigre,
1 c.t. de cumin,
1 c.t. de maniguette,
2 c.t. de sel,
1/2 c.t. de poivre

Sautez la viande dans la margarine et laissez cuire jusqu'à ce que le jus soit évaporé.
Ajoutez les oignons et les gousses d'ail entières.
Sautez-lez pendant 4 à 5 minutes.
Ajoutez le vinaigre, les épices et 4 verres d'eau. Couvrez et laissez cuire sur feu doux pendant 3 heures.

Rogoût de Bœuf

BEYKOZ USULÜ PAÇA
PIEDS DE MOUTON
(à la façon de Beykoz)
Pour 6 personnes

12 pieds de mouton,
12 verres d'eau,
10 à 12 gousses d'ail,
1 c.s. d'huile d'olive,
$^1/_2$ c.s. de sel, 12 tranches de pain,
4 c.s. d'huile,
Pour la sauce :
1 c.s. de farine, $1^1/_2$ c.s. de margarine,
5 jaunes d'œuf, jus de 2 citrons,
1 c.t. de sel

Mettez les pieds bien nettoyés dans une casserole avec les gousses entières d'ail, l'huile d'olive et du sel. Versez 12 verres d'eau. Laissez cuire sur feu doux (ôtez l'écume lorsqu'il commence à bouillir) pendant 8 à 10 heures. Egouttez et ôtez les os sans déchirer la viande. Gardez le bouillon chaud.
Chauffez l'huile dans une poêle. Faites dorer des deux côtés les tranches de pain. Disposez-les côte à côte dans un plat de service. Placez un morceau de viande sur chaque tranche de pain.
Faites fondre la margarine dans une petite casserole. Ajoutez les jaunes d'œufs, le sel, le jus des citrons et la farine ; mélangez bien. Sur feu très doux, ajoutez lentement en battant tout le temps, du bouillon chaud. Versez la sauce sur les viandes et servez tout de suite. (On peut verser 2 cuillerées à soupe de beurre fondu chaud avec du poivre rouge).

YOĞURTLU KEBAP
KEBAB AU YAOURT
Pour 4 personnes

750 gr. de viande de mouton,
découpée en cubes, ou
500 gr. de viande haché,
preparée en boulettes,
6 tranches de pain,
500 gr. de yaourt,
3 tomates,
4 piments,
3 c.s. de beurre,
sel, poivre et poivre rouge,
persil

Laissez les cubes de viande dans une marinade d'oignons finement découpés en longueur, avecl'huile d'olive, du sel et du poivre.
Faites cuire dans une cuillerée de beurre, les tomates épluchées et découpées en petits morceaux. Gardez cette sauce chaude. (Vous pouvez remplacer les tomates par 2 cuillerées à soupe de sauce tomate, diluée dans un $^1/_2$ verre d'eau).
Découpez les tranches de pain en cubes. Disposez-les sur un plat de service. (En Turquie, on peut remplacer le pain par un pain spécial appelé "pide").
Faites griller la viande (ou les boulettes). Mettez-les sur les morceaux de pain.
Couvrez avec yaourt battu. Versez la sauce tomate et finalement le beurre fondu chaud. Saupoudrez de poivre rouge. Décorez avec quelques feuilles de persil et servez tout de suite.

"Köftes" Au Cumin

KİMYONLU SAHAN KÖFTESİ
"KÖFTES" AU CUMIN
Pour 6 personnes

750 gr. de viande hachée,
2 petits oignons,
3 tranches de pain sec,
3 grosses tomates,
ou 2 c.s. de sauce tomate, 2 gousses d'ail,
2 c.t. de sel, $1/_2$ c.t. de poivre,
2 c.t. de cumin,
1 verre d'huile

Trempez les tranches de pain dans l'eau. Retirez et pressez avec les mains pour extraire l'excés d'eau. Emiettez et ajoutez à la viande hachée avec les oignons rapés, l'ail pilé, sel, poivre et cumin. Pétrissez bien pendant 10 minutes. Prenez des morceaux de la taille d'une noix ; faites rouler chacun entre les paumes des mains pour l'arrondir et pressez légerèment. Chauffez l'huile dans une poêle. Faites rissoler les boulettes légèrement. Retirez et disposez-les côte à côte dans une bassine. Ajoutez les tomates épluchées et découpées en petits morceaux. Saupoudrez de sel, Couvrez et laissez cuire à feu moyen pendant 20 à 25 minutes. (Vous pouvez remplacer les tomates par des rondelles de pommes de terres, tomates et poivrons sur chaque boulette.)

TESTİ KEBABI

KEBAB DE CRUCHE

Pour 6 personnes

*1 kg. de viande de mouton,
2 c.s. de margarine, 20 petits oignons,
2 grosses pommes de terre,
3 carottes de taille moyenne,
2 grosses tomates ou
2 c.s. de sauce tomate, 2 c.t. de sel,
1/2 c.t. de poivre*

Chauffez l'huile dans une casserole. Sautez pendant 4 ou 5 minutes les carottes grattées et découpées en diagonale et les pommes de terre découpées en gros morceaux. Retirez-les. Dans la même casserole, ajoutez la margarine, les oignons épluchés, la viande découpée en gros morceaux (avec les os), les tomates épluchées et découpées en petits morceaux et le sel. Couvrez et laissez mijoter pendant 25 à 35 minutes jusqu'à ce que l'eau soit absorbée. Versez 3 verres d'eau chaude et faites cuire pendant 1 heure.
Ajoutez les pommes de terres et les carrottes sautées. Laissez cuire encore une 1/2 heure.

TAVUK YAHNİSİ

RAGOÛT DE POULET

Pour 8 personnes

*2 poulets, 4 c.s. de margarine,
2 gros oignons, 2 gousses d'ail,
3 grosses tomates ou 2 c.s. de sauce tomate, 2 c.t. de sel, 1/2 c.t. de poivre*

Divisez les poulets en gros morceaux. Faites-les sauter dans la margarine sur feu vif pendant 8 minutes. Ajoutez le sel, les gousses d'ail pilées et les oignons finement découpés en longueur. Faites-les rissoler. Ajoutez les tomates épluchées et découpées en petits morceaux ou les tomates diluées dans un 1/2 verre d'eau. Saupoudrez du poivre. Couvrez et laissez mijoter pendant 1 heure et demie.
Servez accompagné de riz ou des pommes de terre cuites, ou bien d'une purée d'aubergines.

PİLAVLI TAVUK KIZARTMASI

POULET RÔTI AVEC PILAF

Pour 4 personnes

1 poulet, 500 gr. de riz, 1 c.s. de margarine, 1 oignon, 1 carotte, 2 tomates de taille moyenne, 100 gr. de petits pois (en boîte), Sel, poivre, Huile

Poulet Rôti Avec Pilaf

Trempez le riz dans l'eau chaude. Ajoutez 1 cuillerée à soupe de sel. Laissez refroidir. Lavez et égouttez bien.
Mettez le poulet nettoyé et lavé dans une casserole avec l'oignon epluché, la carotte grattée, du sel et du poivre. Couvrez et laissez cuire sur feu moyen jusqu'à ce qu'il soit bien tendre.
Déchiquetez le poulet en gros morceaux, dorez-les dans un peu d'huile.
Faites fondre la margarine. Sautez les tomates epluchées et découpées en petits morceaux. Ajoutez 3 verres du bouillon de poulet et le riz. Couvrez et laissez mijoter jusqu'à ce que le bouillon soit absorbé.

Ajoutez les petits pois, couvrez et laissez reposer pendant 15 minutes.
Mélangez bien avec une cuillère en bois. Disposez les morceaux de poulet sur le riz dans un plat de service.

TAS KEBABI
RAGOÛT DE MOUTON
Pour 6 personnes

1 kg. de viande de mouton, découpée en cubes, 2 c.s. de margarine, 2 oignons de taille moyenne ou 2 c.s. de sauce tomate, 1 c.t. de sel, 1/2 c.t. de poivre

Faites dorer la viande dans la margarine à feu moyen.
Ajoutez les oignons hachés et faites les revenir pendant 2 minutes.
Ajoutez les tomates épluchées et découpées en petits morceaux, le sel, le poivre et 2 verres d'eau chaude. Couvrez et laissez mijoter pendant 2 heures.
Servez accompagné de riz.

AVCI KEBABI
KEBAB DU CHASSEUR
Pour 4 personnes

1 kg. de viande de mouton,
3 c.s. de margarine,
3 oignons de taille moyenne,
2 tomates de taille moyenne ou 50 gr. de sauce tomate,
3 pommes de terre de taille moyenne,
3 carottes de taille moyenne,
50 gr. de petits pois (en conserve),
2 c.t. de sel, 1/2 c.t. de poivre

Faites fondre la margarine dans une casserole. Sautez les oignons découpés en 7 ou 8 mor-

ceaux, la viande découpée en gros cubes et les tomates épluchées et découpées en quatre morceaux chacune.
Faites-les cuire sur feu moyen pendant 25 à 30 minutes jusqu'à ce que l'eau soit absorbée.
Ajoutez du sel et 2 verres et demi d'eau chaude. Couvrez et laissez mijoter pendant 1 heure et demie.
Ajoutez les pommes de terre épluchées et découpées en morceaux. Couvrez et laissez cuire sur feu doux pendant 25 minutes.

ADANA KEBAP
KEBAB D'ADANA

500 gr. de bœuf haché,
500 gr. d'agneau gras, 2 oignons,
2 bouquets de persil, sel, poivre noir.
Garniture :
5 gros oignons, 2 bouquets de persil,
1 grousse d'ail, tomates, poivrons verts.

Passer au hachoir en même temps le bœuf et l'agneau gras. Ajouter 2 bouquets de persil. Haché, les oignons hachés, le sel, le poivre et mélanger soigneusement le tout. Passer vos mains enduites de viande sur les brochettes à large lame utilisées spécialement pour ce genre de plat en boulettes pour s'assurer que le mélange est bien homogène. Prendre la grosseur d'un œuf de cette préparation d'un coup, enfiler sur la brochette et tourner en l'allongeant à la taille de 10 cm environ. Griller sur les 2 faces. Couper l'oignon en tranches fines et bien mélanger avec l'ail pilé et le persil haché. En garnir chaque portion de kebab grillé. Servir avec des tomates rôties et des poivrons verts sur un pain appelé "pidé".

Kebab d'Adana

Kebab d'Adana

"Köftes" Grillés

IZGARA KÖFTE
"KÖFTES" GRILLÉS
Pour 6 personnes

750 gr. de viande de mouton hachée (pas trop graisseuse) ou de bœuf, haché (de l'épaule) ou bien les deux ensemble (hachée deux fois), 4 tranches de pain sec, 1 gros oignon, 2 c.t. de sel, $1/2$ c.t. poivre, $1/2$ c.t. de cumin, 1 c.t. de d'épice de "köfte", 2 c.s. d'huile d'olive

Trempez les tranches de pain dans l'eau. Retirez et pressez dans les paumes des mains pour extraire l'éxces d'eau. Emiettez-les.
Ajoutez l'oignon rapé et les épices. Mélangez bien. Ajoutez la viande. Pétrissez bien pendant 10 minutes. Prenez des morceaux de la taille d'une noix. Faites rouler chacun entre les paumes des mains pour l'arrondir. Puis, pressez légèrement avec les doigts pour donner une forme ovale. Brossez avec l'huile d'olive. Faites griller au barbecue pendant 5 à 6 minutes (ou bien dans une poêle avec quelques gouttes d'huile).

İZMİR KÖFTESİ
BOULETTES D'İZMİR

500 gr. de hachis de mouton,
1 petit oignon râpé,
1 tranche de mie de pain,
1 bouquet de persil, sel, poivre,
250 gr. d'huile de tournesol,

ŞİŞ KÖFTE
KÖFTES À LA BROCHE
Pour 6 personnes

750 gr. de viande hachée (pas trop graisseuse), 2 oignons de taille moyenne, 1 œuf, 1 c.t. de sel, $^1/_2$ c.t. de poivre, $^1/_2$ c.t. de poivre rouge

Ajoutez à la viande (hachée deux fois) les oignons rapés, l'œuf, le sel, le poivre et le poivre rouge, et pétrissez bien pendant 10 minutes. Divisez en morceaux de la taille d'un œuf et laissez.
Prenez des broches à tiges d'un cm de largeur et passez-les d'abord dans la paume graisseuse de vos mains pour les rendre collant. Puis enfilez 2 à 3 morceaux de la viande sur chaque broches et pressez avec les paumes pour leur donner une forme irrégulière de 3 cm de largeur et 8 à 10 cm de longueur.
Mettez-les à griller sur un barbecue pendant 4 à 5 minutes.

2 cuillérées de sauce tomate, 500 gr. de pommes de terre, $^1/_2$ verre d'eau, 2 cuillérées de farine.

Pétrir le hachis, la mie de pain mouillée, l'oignon, le persil haché, le sel et le poivre. Partager en morceaux de la grandeur d'une noix, rouler en allongeant pour donner une forme aux boulettes, passer à la farine et faire frire dans l'huile de tourmerol. Faire bien cuire le reste de l'huile avec une tasse à café de sauce tomate allongée, jeter dans les boulettes et laisser un peu bouillir. Faire bouillir les pommes de terre, les réduire en purée, ajouter du lait en une cuillérée de beurre et remuer. La purée sera servie au milieu du plat, entourée des boulettes, et le tout arrosé de sauce.

RULO KÖFTE
"KÖFTE" ROULÉ
Pour 6 personnes

750 gr. de viande hachée (deux fois), 2 tranches de pain se, 2 oignons de taille moyenne, 6 œufs, 2 c.t. de sel, $^1/_2$ c.t. de poivre, $^1/_2$ tasse de petits pois (en conserve), 1 carotte de taille moyenne, 2 c.s. de margarine, 2 c.s. de sauce tomate

Faites bouillir les œufs jusqu'à ce qu'ils soient durs. Otez les coquilles
Grattez la carotte et faites-la bouillir. Découpez-la en petits cubes et mélangez avec les petits pois.

Trempez les tranches de pain dans l'eau. Retirez et pressez avec les mains pour bien égoutter. Emiettez et ajoutez à la viande avec les oignons rapés, 2 œufs, sel et poivre. Pétrissez pendant 10 minutes.
Brossez d'huile un grand plateau. Placez la viande et pressez avec les mains pour l'étendre et donner une forme réctangulaire d'à peu près 20 cm et de 2 cm d'épaisseur.
Mettez dedans les œufs durs en longueur, disposez les carottes et les petits pois le long des ceufs. Pliez le bord de la viande au-dessus et faites-la rouler pour donner la forme longue d'un pain. Collez bien les bouts.
Mettez un peu de margarine fondue dans un plat allant au four. Placez la viande dedans avec le bout collé audessous. Etalez d'un œuf battu. Faites rôtir au four moyen pendant 30 à 40 minutes. Laissez refroidir.
Coupez la viande en tranches fines. Faites bouillir la graisse avec 2 cuillerées à soupe de sauce tomate diluée dans un $^1/_2$ verre d'eau. Versez la sauce sur les tranches de viande. Chauffez et servez accompagnées de pommes de terre cuites.

ŞİŞTE KUZU BÖBREĞİ
ROGNONS D'AGNEAU À LA BROCHETTE

Pour 6 personnes

12 rognons d'agneau,
$^1/_2$ c.t. de sel, 2 tomates, 2 poivrons

Découpez les tomates et les poivrons épépinés en 5 ou 6 morceau chacun.
Coupez les rognons en deux. Enfilez sur les brochettes successivement des morceaux de rognons, tomates et poivrons. Saupoudrez de sel. Mettez à griller sur un barbecue.

DÖNER KEBAP
KEBAB TOURNANT

Nous incluons cette recette pour l'amour de l'art, bien que sans le grill spécial, vertical et tournant, elle soit imposible à réaliser.

10 kg. d'agneau (du gigot),
100 gr. de sel,
50 gr. de poivre,
$^1/_2$ lt. de jus d'oignon,
1 citron,
1 tasse d'huile d'olive,
1 kg. de gras d'agneau,
1 kg d'agneau haché, 1 œuf,
$^1/_2$ tasse de lait

La viande doit être désossée et bien apprêtée, découpée en grandes tranches épaisses, aplaties avec un maillet.
Préparez une marinade avec le jus d'oignon, le lait, l'huile d'olive, le set et le poivre, et faites mariner la viande pendant 12 heures. (Pour obtenir le jus d'oignon, coupez finement les oignons, saupoudrez de sel, laissez imbiber 10 minutes et puis pressez.)
Faites tremper le gras d'agneau dans l'eau bouillante. Mélangez l'agneau haché avec l'œuf.
Prenez la grande broche et enfilez un morceau de viande, étalez dessus un peu de gras d'agneau et le mélange de viande hachée. Ensuite alternez de la même façon en enfilant toute la viande.
Mettez la broche verticalement devant le grill. La viande grille tout en tournant.
Coupez la viande en tranches très fine, avec un couteau spécial.
Servez sur pain plat ("pidé") ou riz, arrosé d'un peu de la sauce receuillie dans le plateau.

Kebab Tournant

SALÇALI KUZU FIRIN
RÔTI D'AGNEAU À LA SAUCE TOMATE
Pour 4 personnes

1 gigot d'agneau (1 kg.), 2 c.t. de sel,
2 tomates de taille moyenne,
ou 2 c.s. de sauce tomate

Enlevez l'excés de la graisse du gigot, mais laissez la membrane intacte.
Lavez et frottez le gigot avec du sel. Mettez-le dans un plat allant au four. Versez une $^1/_2$ tasse d'eau. Laissez à rôtir au four moyen pendant 50 à 60 minutes. Mettez dans une petite casserole les tomates épluchées et découpées en petits morceaux et faites-les cuire pendant 5 à 6 minutes. Ajoutez la sauce à la viande et laissez cuire encore 15 minutes.
Coupez la viande en tranches. Versez la sauce et servez.

SAC KEBABI
KEBAB DE CHEVEUX
Pour 4 personnes

1 kg. de viande de mouton, 1 gros oignon,
2 c.s. d'huile, 1 c.s. de margarine,
2 tomates de taille moyenne,
ou 2 c.s. de sauce tomate, 2 c.t. de sel,
$^1/_2$ c.t. de poivre

Chauffez l'huile et la margarine ensemble. Sautez la viande découpée en petits bandes d'un cm. de largeur et 2 à 3 cm de longueur. Ajoutez la moitié des oignons finement découpés en longueur. Faites-les rissoler. Ajoutez les tomates épluchées et découpées en petits morceaux. Faites cuire jusqu'à ce que l'eau soit absorbée. Ajoutez le reste des oignons, sel et poivre. Laissez cuire encore 5 minutes.
Versez 2 verres d'eau chaude. Couvrez et laissez mijoter pendant 1 heure et demie.

MERCİMEK KÖFTESİ
BOULETTES DE LENTILLES ROUGES
Pour 6 personnes

1 verre de lentilles rouges,
1 verre de "bulgur" fin
(gruau de blé),
$^1/_2$ verre d'huile,
1 oignon de taille moyenne,
1 c.s. de sauce tomate,
1 c.t. de sel,
1 c.t. de poivre rouge,
1 c.t. de cumin,
1 bouquet de persil,
6 à 7 oignons frais,
quelques feuilles de laitue

Lavez les lentilles et faites-les cuire dans 3 ou 4 verres d'eau.

Avant que toute l'eau soit absorbée, ajoutez le "bulgur".

Laissez bouillir pendant 1 ou 2 minutes.

Retirez du feu et laissez reposer pendent 20 minutes.

Faites revenir l'oignon haché dans l'huile. Ajoutez la sauce tomate et retirez du feu.

Ajoutez au lentilles et "bulgur", l'oignon doré, les épices, les oignons frais et le persil haché. Mélangez bien.

Laissez refroidir.

Prenez des boulettes du mélange et pressez chacune dans la paume de la main pour donner une forme irregulière.

Disposez-les sur les feuilles de laitue dans un plat de service.

ŞİŞ KEBAP

KEBAB À LA BROCHETTE

Pour 6 personnes

1 kg. de viande de mouton (de la cuisse ou de l'épaule), 1 c.s. d'huile d'olive, 1 oignon de taille moyenne, 2 c.t. de sel, 3 petites tomates (facultatif), 3 poivrons (facultatif), 1 c.s. de thym (facultatif)

Découpez la viande en cubes de 2 à 3 cm. Ajoutez l'huile d'olive, du sel et le jus de l'oignon. (Découpez finement l'oignon en longueur. Saupoudrez de sel. Laissez pendant 10 minutes. Frottez et pressez avec les mains pour extraire le jus.) Laissez reposer pendant 1 à 2 heures.

Embrochez les viandes (si vous préferez, successivement avec les tomates et poivrons découpés en gros morceaux)

Kebab à la Brochette

en laissant un $1/2$ cm entre chacun.
Mettez à griller sur un barbecue pendant 2 à 3 minutes chaque côté.
Saupoudrez de sel et de thym, et servez.

KUZU ANKARA TAVA
CASSEROLE D'AGNEAU D'ANKARA
Pour 6 personnes

1 kg. de viande d'agneau,
coupée en 5 ou 6 morceaux,
2 c.s. de margarine,
2 c.t. de sel, 2 oignons,
1 carotte,
$1/2$ verre de petits pois (en conserve),
500 gr. de yaourt,
1 c.s. de farine, 2 jaunes d'œuf

Faites fondre la margarine dans une casserole. Sautez les morceaux de viande pendant 7 à 8 minutes. Ajoutez les oignons découpés finement en longueur et faites-les revenir pour 5 minutes.
Ajoutez le sel et 4 verres d'eau. Lorsqu'il commence à boullir, ôtez l'écume. Couvrez et laissez mijoter pendant 45 minutes.
Ajoutez la carotte grattée et découpée en rondelles. Laissez cuire pendant 30 minutes.
Disposez la viande et les légumes dans un plat allant au four. Réduisez la sauce à 2 verres et demi.
Dans une petite casserole, mélangez le yaourt avec la farine. Lentement ajoutez la sauce de la viande, en remuant tout le temps. Ajoutez 2 jaunes d'œuf bien battus.
Versez la sauce sur la viande. Mettez au four et faites dorer à feu vif pendant 10 à 15 minutes.

BAHÇIVAN KEBABI
KEBAB DU JARDINIER
Pour 4 personnes

1 kg. de viande de mouton,
3 c.s. de margarine,
20 petits oignons,
150 gr. d'haricots verts,
1 courgette,
50 gr. de petits pois (en conserve),
2 poivrons,
2 tomates de taille moyenne,
1 bouquet d'aneth,
2 c.t. de sel,
$1/2$ c.t. de poivre

Faites fondre la margarine dans une casserole. Sautez la viande découpée en cubes et laissez cuire, en remuant de temps en temps, jusqu'à ce que l'eau soit absorbée.
Ajoutez les oignons épluchés. Couvrez et laissez mijoter, en tournant 4 ou 5 fois, pendant 15 minutes.
Ajoutez les tomates épluchées et découpées en petits morceaux, les haricots verts coupés en deux, les poivrons découpés en rondelles, sel, poivre et 1 verre d'eau. Couvrez et laissez cuire sur feu doux pendant 45 minutes.
Ajoutez la courgette grattée et découpée en morceaux et les petits pois. Laissez cuire encore une $1/2$ heure.
Ajoutez l'aneth haché et retirez du feu.

Le riz (pirinç) est un ingrédient important dans la cuisine turque, qu'on prépare chaque plat de différentes façons, tellement délicieux qu'il peut être servi non comme une garniture mais comme un plat unique (pilav). La préparation d'un plat de pilaf n'est pas un simple procédé de laisser bouillir le riz pour faire une garniture avec la viande; il faut être tres soigneux en mesurant les quantités exactes du riz et de l'eau et en les faisant cuire pendant un certain temps pour obtenir un plat de riz en graines séparées au lieu d'un plat de riz collant et broyé. D'autre part, le riz garni aux épices est une farce délicieuse pour les différents légumes et les fameuses feuilles de vigne farcies.

SADE PİRİNÇ PİLAVI

PILAF NATURE

Pour 4 personnes

2 verres de riz,
3 c.s. de beurre,
3 verres d'eau ou de bouillon,
3 c.t. de sel,
$^1/_2$ c.t. de sucre

Nettoyez le riz. Trempez-le dans l'eau chaude salée. Laissez refroidir. Lavez et égouttez bien. Faites fondre le beurre dans une casserole. Ajoutez le riz, du sel et du sucre. Remuez, couvrez et faites cuire d'abord sur feu moyen, ensuite sur feu doux pendant 15 minutes. Laissez reposer encore 15 minutes. Mélangez bien avec une cuillère en bois et servez.

Pilaf Nature

SULTAN REŞAT PİLAVI
PILAF DU SULTAN RESHAD
Pour 6 personnes

2 verres de riz,
3 verrez d'eau,
6 c.s. de beurre, 200 gr. de viande hachée,
$1^1/_2$ c.s. de margarine,
2 tomates de taille moyenne ou,
2 c.s. de sauce tomate,
1 petit oignon,
1 tranche de pain sec,
2 c.t. de sel,
$^1/_2$ c.t. de sucre,
$^1/_2$ c.t. de poivre

Lavez le riz. Trempez dans l'eau chaude. Laissez refroidir. Lavez 3 ou 4 fois. Egouttez bien. Faites fondre le beurre dans une casserole. Ajoutez le riz et faites revenir pendant 10 minutes. Ajoutez de l'eau, du sel et du sucre. Couvrez et faites cuire sur feu moyen jusqu'à ce que l'eau soit absorbée. Laissez sur feu très doux.

Trempez le pain dans l'eau. Egouttez et pressez pour extraire l'exces d'eau. Emiettez et ajoutez à la viande hachée, avec l'oignon haché, du sel et du poivre. Pétrissez pendant 5 minutes.

Prenez des petits morceaux de la viande et faites rouler chacun entre les paumes des mains pour faire des boulettes de la taille d'une noisette.

Faites fondre la margarine dans une casserole. Faites frire les boulettes. Ajoutez les tomates épluchées et découpées en petits morceaux. Faites cuire pendant 5 minutes. Versez $^1/_3$ de verre d'eau. Laissez mijoter pendant 15 à 20 minutes.

Mélangez le riz. Disposez dans un plat de service. Faites un creux au centre et remplissez-le avec les boulettes. Servez tout de suite.

PATLICANLI İÇ PİLAV
PILAF GARNI AUX AUBERGINES
Pour 6 personnes

2 verres de riz,
4 oignons de taille moyenne,
2 tomates de taille moyenne,
1 verre d'huile d'olive,
$^1/_2$ kg. d'aubergines,
1 c.s. de pignons,
1 c.s. de raisins de Corinthe,
1 c.t. de cannelle,
1 c.t. de maniguette,
2 c.t. de sel, 4 c.t. de sucre,
$^1/_2$ c.t. de poivre, 1 bouquet d'aneth

Trempez le riz dans l'eau tiède salée et laissez pendant 20 minutes. Lavez 3 ou 4 fois. Egouttez bien.

Epluchez les aubergines en bandes à la longueur. Découpez-les en quatre à la longueur et chacune en morceaux de 3 ou 4 cm. Laissez tremper dans l'eau salée pendant 15 à 20 minutes.

Chauffez l'huile d'olive dans une casserole. Egouttez, séchez et faites frire les aubergines. Retirez de l'huile.

Dans la même casserole, faites revenir les oignons hachés et les pignons. Ajoutez le riz et faites rissoler sur feu moyen, pendant 10 minutes, en remuant tout le temps.

Ajoutez les tomates épluchées et découpées en petits morceaux, du sel, du poivre, du sucre, les raisins, les aubergines frites et le bouillon.

Couvrez et faites cuire sur feu moyen pendant 10 minutes.

Ajoutez les épices et l'aneth haché. Couvrez bien et laissez mijoter sur feu très doux pendant 20 minutes.

Laissez refroidir. Mélangez bien avec une cuillère en bois et servez.

Pilaf Garni

İÇ PİLAV

PILAF GARNI

Pour 6 personnes

2 verres de riz,
3 verres de bouillon de viande ou de poulet,
ou bien de l'eau, 4 c.s. de margarine,
1 oignon de taille moyenne,
1 tomate de taille moyenne,
$^1/_2$ foie de mouton ou, 2 foies de poulet,
1 c.s. de pignons,
2 c.s. de raisins de Corinthe,
1 bouquet d'aneth, 2 c.t. de sel,
3 c.t. de sucre, 1 c.t. de canelle,
1 c.t. de maniguette, $^1/_2$ c.t. de poivre

Trempez le riz dans l'eau tiède salée et laissez reposer pendant 20 minutes. Lavez 3 ou 4 fois et égouttez bien. Faites fondre la margarine dans une casserole. Ajoutez le foie nettoyé et découpé en très petits cubes, faites sauter et retirez. Dans la même casserole, faites revenir l'oignon haché et les pignons. Ajoutez le riz et faites rissoler sur feu vif pendant 10 minutes. Ajoutez le sel, le poivre, le sucre, les raisins, la tomate épluchée et découpée en petits morceaux et le bouillon. Mélangez bien. Couvrez et faites cuire d'abord sur feu moyen, ensuite sur feu doux pendant 15 minutes, jusqu'à ce que l'eau soit absorbée.

Ajoutez les épices et l'aneth haché. Couvrez bien et laissez mijoter sur feu très doux pendant 20 minutes. Retirez du feu et laissez reposer encore 20 minutes. Mélangez bien avec une cuillère en bois et servez (accompagné d'un poulet, dinde ou bien agneau rôti).

BULGUR PİLAVI
PILAF DE GRUAU DE BLÉ
Pour 6 personnes

2 verres de gruau de blé, 4 c.s. de margarine,
5 oignons de taille moyenne,
1 grosse tomate, 3 verres de bouillon de,
viande ou d'eau, $^1/_2$ c.s. de sel

Faites revenir les oignons finement hachés dans la margarine.
Ajoutez le gruau et faites sauter pendant 15 minutes. Ajoutez la tomate épluchée et découpée en petits morceaux, du sel et le bouillon de viande. Mélangez, couvrez et laisser cuire sur feu moyen pendant 10 minutes. Ensuite reduisez le feu et laissez mijoter jusqu'à ce que le bouillon soit absorbé.
Laissez sur feu très doux pendant 20 minutes. Mélangez bien et servez.

ETLİ BULGUR PİLAVI
PILAF DE GRUAU DE BLÉ À LA VIANDE
Pour 6 personnes

2 verres de gruau de blé, 6 c.s. de margarine,
3 oignons de taille moyenne,
2 tomates ou 3/4 c.s. de sauce tomate,
500 gr. de viande de mouton,
découpée en cubes,
3 verres de bouillon de, viande ou d'eau,
2 c.t. de sel, $^1/_2$ c.t. de poivre

Lavez et égouttez le gruau de blé.
Faites revenir les oignons finement hachés dans 3 cuillerées à soupe de margarine. Ajoutez la viande. Couvrez et faites cuire sur feu moyen, en remuant de temps en temps, jusqu'à ce que le jus soit absorbé.

Pilaf de Gruau de Blé

Ajoutez 1 cuillerée à thé de sel, du poivre, la tomate épluchée et découpée en petits morceaux et 2 verres d'eau chaude. Couvrez et faites cuire. Découvrez et faites bouillir, en remuant de temps en temps, jusqu'à ce que l'eau soit absorbée. Ajoutez 3 verres de bouillon de viande et retirez du feu.
Faites fondre 3 cuillerés à soupe de margarine dans une casserole. Ajoutez le gruau de blé et faites sauter sur feu vif pendant 10 minutes. Ajoutez 1 cuillerée à thé de sel et la viande avec le bouillon. Mélangez bien. Couvrez et faites cuire sur feu doux jusqu'à ce que le bouillon soit absorbé.
Laissez sur feu très doux pendant 20 minutes. Mélangez bien et servez.

TAS KEBAPLI PİLAV
PILAF ET "TAS KEBAB"

1 verre et demi de riz (bersani),
200 gr. de viande grasse de mouton coupée en morceaux, sel une pincée de poivre,
1 cuillérée et demie à soupe de beurre,
une pincée de cannelle, 1-2 clous de girofle,
une pincée d'épices, 1 oignon

Mettre les morceaux de viande dans la casserole. Faire rôtir avec l'oignon râpé, le sel, le poivre et le beurre. Ajouter cannelle, clous de girofle et épices. Verser le contenu de la casserole dans son couvercle. Retourner le couvercle dans un plat un peu profond de façon à ce que la viande demeure sous le couvercle. Mettre le plat sur feu moyen. Ajouter l'eau en calculant deux mesures d'eau pour une mesure de riz. Lorsque l'eau commence à bouillir, ajouter le riz. Couvrir. La cuisson du riz achevée, retirer le couvercle et servir dans le plat.

DOMATESLİ, BEZELYELİ, NOHUTLU VEYA ŞEHRİYELİ PİLAV
PILAF AUX TOMATES (AUX PETITS POIS, AUX POIS-CHICHES OU AUX VERMICELLES)

Pour 6 personnes

2 verres de riz,
2 grosses tomates ou
2 c.s. de sauce tomate,
3 verres de bouillon de viande ou de l'eau,
3 c.s. de beurre,
2 c.t. de sel,
$^1/_2$ c.t. de sucre

Lavez le riz. Trempez-le dans l'eau chaude. Ajoutez 1 cuillerée à soupe de sel. Laissez refroidir. Lavez 3 ou 4 fois. Egouttez bien.
Faites fondre le beurre dans une casserole. Ajoutez les tomates épluchées et découpées en petits morceaux (ou la sauce tomate diluée dans $^1/_2$ verre d'eau). Faites cuire pendant 1 ou 2 minutes. Ajoutez le bouillon ou l'eau, du sel et du sucre. Ajoutez le riz lorsqu'il commence à bouillir et remuez.
Couvrez et faites cuire d'abord sur feu moyen, ensuite sur feu doux, jusqu'à ce que l'eau soit absorbée.
Mettez un linge sous le couvercle. Laissez mijoter sur feu très doux pendant 15 à 20 minutes. Laissez reposer 15 minutes. Mélangez bien avec une cuillère en bois et servez.
(Vouz pouvez remplacer les tomates par des petits pois ou des pois-chiches cuits, pour être ajoutés au dernier moment ; ou bien des vermicelles dorées au beurre avant d'ajouter l'eau.)

Pilaf de Bouhara

BUHARA PİLAVI

PILAF DE BOUHARA

Pour 6 personnes

250 gr. de viande d'agneau (découpée en cubes), 2 verres de riz, 3 c.s. de beurre, 50 gr. d'amandes (les peaux enlevées), 2 carottes de taille moyenne, Sel, poivre

Trempez le riz dans l'eau chaude salée. Laissez refroidir. Lavez et égouttez bien.

Faites cuire la viande dans 4-5 verres d'eau avec du sel. (Le bouillon doit être reduit à 3 verres.)

Faites fondre le beurre dans une casserole. Sautez les amandes. Ajoutez les carottes grattées et découpées en cubes et le riz. Sautez pendant 10 minutes en remuant tout le temps. Versez le bouillon. Couvrez et laissez cuire jusqu'à ce que le bouillon soit absorbé. Laissez reposer 15 minutes.

Mélangez bien avec une cuillère en bois avant de servir.

YALANCI DOLMA
FEUILLES DE VIGNE FARCIES AU RIZ (SANS FAIRE SAUTER)
Pour 6 personnes

250 gr. de feuilles de vigne,
10 prunes vertes, 1 citron
Pour la farce :
1 verre de riz,
5 oignons de taille moyenne,
finement hachés, 5 oignons frais,
finement hachés, 3/4 de verre d'huile d'olive,
$^1/_2$ verre d'eau, $^1/_2$ bouquet de menthe,
haché, 1 bouquet d'aneth, haché,
$^1/_4$ bouquet de persil, haché, 1 c.s. de sel,
2 c.s. de sucre

Lavez et égouttez le riz. Ajoutez tous les autres ingrédients de la farce et mélangez-les bien.
Mettez les feuilles de vigne dans l'eau salée bouillante et laissez bouillir pendant 5 minutes. Egouttes et ôtez les queues.
Mettez un peu de la farce au centre de chaque feuille et faites rouler chacune comme une cigarette. Disposez-les soigneusement côte à côte dans une casserole.
Ajoutez le jus de citron, les prunes et $^1/_2$ verre d'eau. Placez un petit plat renversé au-dessus des feuilles farcies. Couvrez et laissez cuire sur feu doux pendant 1 heure, jusqu'à ce que l'eau soit absorbée.
Laissez refroidir avant de servir.

PİLAVLI ÇÖMLEK KEBABI
KEBAB AU PILAF EN TERRINE

500 gr. de viande de mouton en morceaux,
500 gr. de riz (type "Bersani" ou "Caroline"),
2 tomates, 125 gr. de beurre,
750 gr. d'eau, du sel, 2 oignons

Faire bouilir dans une casserole, l'eau, le beurre, le sel et le jus de deux tomates. Nettoyer et laver le riz que l'on aura laissé reposer une demi-heure dans de l'eau chaude salée. Ajouter l'eau qui est en train de bouilir avec le beurre. Faire cuire à feu doux jusqu'à absorption de l'eau.
Retirer du feu. Laisser reposer 1 demi-heure. Mélanger le riz avec deux petites tomates coupées en morceaux. Placer la "tas kebab" au milieu d'une terrine. Faire cuire un quart d'heure au four. Servir chaud.

HAMSİLİ PİLAV
RIZ AUX ANCHOIS
Pour 8 personnes

2 kg. d'anchois frais,
$2^1/_2$ verres de riz,
1 gros oignon, 2 c.s. de pignons,
2 c.s. de raisins de Corinthe,
$2^1/_2$ c.s. de margarine,
$1^1/_2$ c.s. de menthe séche,
$^1/_2$ c.s. de sel,
1 c.t. de sucre,
$^1/_2$ c.t. de poivre

Lavez et égouttez le riz.
Nettoyez les anchois. Enlevez les têtes et les arêtes. Lavez et égouttez.
Prenez la moitié des poissons et soigneusement étalez-les ouverts (les chairs en haut) dans une grande plaque au four huilée (de 35 à 40 cm de diamètre). Mettez au four moyen et laissez cuire pendant 25 à 30 minutes.
Cependant, faites fondre la margarine dans une casserole. Faites revenir l'oignon rapé et les pignons avec le sel.
Ajoutez le riz, et faites revenir sur feu moyen pendant 5 à 6 minutes. Ajoutez les raisins secs,

Riz Aux Anchois

le poivre, le sucre, la menthe et 3 verres et 3/4 d'eau chaude. Remuez. Réduisez le feu lorsqu'il commence à bouillir et laissez cuire pendant 8 à 10 minutes. Juste avant que toute l'eau soit absorbée, étalez le riz sur les anchois au four.
Rangez le reste des anchois soigneusement sur le riz (le peaux vers le haut).
Mettez au four moyen et laissez cuire pendant une demie heure jusqu'à ce qu'ils soient dorés. Servez tout de suite.

LAPA
BOUILLIE DE RIZ

1 verre de riz, $1^1/_2$ c.s. de margarine,
1 oignon de taille moyenne,
1 grosse tomate,
4 verres de bouillon de viande,
1 c.t. de sel

Lavez et égouttez le riz.
Faites fondre la margarine dans une casserole. Faites revenir l'oignon finement haché. Ajoutez le riz et faites rissoler pendant 5 minutes. Ajoutez la tomate épluchée et découpée en petits morceaux, le sel et le bouillon. Couvrez et faites cuire d'abord sur feu moyen, ensuite sur feu doux pendant 20 minutes, jusqu'à ce que le riz soit tendre mais le bouillon ne soit pas tout à fait absorbé.
Servez accompagné de piments piquants grillés au feu.

İSTANBUL PİLAVI
PILAF D'ISTANBUL
Pour 6 personnes

2 verres de riz,
$2^1/_2$ verres de bouillon de poulet,
3 c.s. de beurre,
2 c.s. d'amandes
(faites-les bouillir et enlevez les peaux),
1 c.s. de pistaches (les peaux enlevées),
$^1/_2$ verre de petits pois (en conserve),
1 pincée de safran,
2 foies de poulet,
2 c.t. de sel,
$/_2$ c.t. de sucre

Lavez le riz. Trempez dans l'eau chaude. Laissez refroidir. Lavez 3 ou 4 fois et égouttez bien. Faites fondre le beurre dans une casserole. Ajoutez le riz et faites sauter pendant 5 minutes, en remuant tout le temps avec une cuillère en bois. Ajoutez les amandes, les pistaches et les foies hachés. Faites revenir encore 5 minutes.
Ajoutez le bouillon, du sel, du sucre et du safran. Mélangez bien. Couvrez et faites cuire d'abord sur feu moyen, ensuite sur feu doux, jusqu'à ce que l'eau soit absorbée.
Laissez mijoter sur feu très doux pendant 10 minutes. Retirez du feu et laissez reposer 20 minutes. Mélangez bien et servez.

Pilaf d'Istanbul

Les desserts turcs sont divisés en deux groupes, en dehors des compotes de fruits : les desserts à base de farine, c'est à dire, les pâtisseries (aux noms très spéciaux) et les halvas. Les pâtisseries turques sont délicieuses mais assez sucrées, donc on les sert accompagnées d'une crème spéciale non sucrée, faite avec du lait de buffle (kaymak). Elles sont particulièrement bonnes après un plat de poisson grillé. D'autre part, les douceurs "kadayıf" sont préparés avec une matière première qu'on achete au marché. Le "tel kadayıf" est une sorte de pâte séche en fils ; le "ekmek kadayıf" est une grosse galette ; et les "yassı kadayıf" sont des sortes de petites crêpes. Quelques-uns de ces desserts sont préparés surtout pour des occasions spéciales, tel que le pouding au blé (aşure) offert le dixième jour du mois islamique de Muharrem, ou bien le riz doux au safran (zerde) offert à l'occasion des noces.

LOR TATLISI
FRIANDISES AU FROMAGE DE CHÈVRE

500 gr. de fromage de chèvre (lor),
50 gr. de beurre, 50 gr. de sucre,
20 gr. de farine, 20 gr. de semoule,
4 jaunes d'œuf, 1/2 c.t. de levure chimique
Pour le sirop :
3 verres de sucre, 2 1/2 verres d'eau,
Jus d'un 1/2 citron

Battez les jaunes d'œuf avec le sucre. Ajoutez du beurre fondu mais refroidi, de la levure chimique et du fromage de chèvre écrasé. Mélangez bien. Ajoutez la farine et la semoule. Mélangez bien. Prenez des morceaux de la pâte, de la taille d'un petit citron, faites rouler chacun entre les paumes des mains pour faire des boules. Pressez légèrement pour aplatir. Disposer-les dans un plateau de four huilé, en laissant 2 cm entre chacun. Mettez au four moyen pendant 20 à 25 minutes, jusqu'à ce qu'ils soient bien dorés. D'autre part, faites bouillir le sirop et laissez mijoter pendant 10 à 15 minutes. Versez-le par-dessus les friandises. Couvrez et laissez au four à feu doux encore 15 minutes. Laissez refroidir avant de servir.

ŞEKERPARE
FRIANDISES AUX AMANDES

500 gr. de farine, 100 gr. de sucre en poudre, 200 gr. de beurre,
1 œuf, 1/2 c.t. de levure chimique,
1/2 c.t. de sel, 15 amandes,
Pour le sirop :
1 1/2 verres de sucre,
1 1/4 verres d'eau,
jus d'un 1/2 citron

Faites bouillir le sirop et laissez mijoter pendant 15 minutes. Laissez refroidir.
Battez l'œuf avec le sucre. Ajoutez du beurre ramolli. Continuez à battre. Ajoutez du sel et de la farine. Pétrissez bien.
Prenez des morceaux de la pâte, à la taille d'une noix et faites rouler chacun entre les paumes des mains pour faire des boulettes. Pressez légèrement pour aplatir. Posez-les dans le plateau de four huilé, en laissant 2 cm entre chacun. Pressez avec le doigt au centre de chacun et placez-y une amande entière pelée.
Mettez-les au four moyen pendant 35 à 40 minutes, jusqu'à ce qu'ils soient bien dorés.
Versez le sirop par-dessus et laissez reposer pendant 1 heure.

MUHALLEBİ
POUDING AU LAIT

7 verres de lait, $1^1/_4$ verres de sucre,
$^1/_2$ tasse de fécule de blé,
$1^1/_2$ tasse de farine de riz,
$^1/_2$ c.t. de sel, cannelle

Faites bouillir le lait avec du sucre et du sel, en remuant de temps en temps.
Mettez la fécule et la farine de riz dans un bol. Faites lentement couler du lait bouillant pour obtenir une pâte lisse.
Ajoutez cela au lait et faites cuire sur feu moyen, en remuant tout le temps, jusqu'à ce qu'il s'épaississe.
Versez dans des coupelles. Laissez refroidir. Saupoudrez de cannelle.

KAZANDİBİ
PUDDING BRULÉ
AU BLANC DE POULET

7 verres de lait,
$1^1/_2$ verres de sucre,
$1^1/_2$ verres d'eau, 3/4 tasse de fécule de blé,
$1^1/_4$ tasses de farine de riz,
$^1/_2$ c.t. de sel, $^1/_2$ blanc de poulet

Préparez le pouding comme dans la recette ci-dessus. Versez le pouding dans un récipient de 2 à 3 cm de profondeur. Mettez-le sur feu vif et faites brûler au-dessous, en tournant le récipient. Laissez refroidir pendant 3 à 4 heures. Découpez en carrés de 10 cm. Faites rouler chacun à l'aide d'une spatule, les côtés brûlés vers le haut. Disposez sur un plat de service. On peut préparer un pudding brûlé avec un "pudding au lait" épais (voir la recette suivante).

HANIM GÖBEĞİ
NOMBRILS DE DAME

225 gr. de farine,
85 gr. de margarine fondue,
2 œufs entiers,
1 jaune d'œuf,
$^1/_2$ c.t. de sel,
$1^1/_4$ verres d'huile,
Pour le sirop :
2 verres d'eau,
$1^3/_4$ verres de sucre,
1 c.s. de jus de citron

Faites bouillir le sirop et laissez mijoter pendant 15 minutes. Laissez refroidir.
Chauffez la margarine dans une casserole. Ajoutez 1 verre et demi d'eau avec du sel. Laissez bouillir. Ajoutez la farine et faites cuire sur feu moyen pendant 7 ou 8 minutes, en remuant tout le temps avec une cuillère en bois. Laissez refroidir.
Ajoutez les œufs et le jaune d'œuf. Mélangez bien et pétrissez pendant 10 minutes. Huilez les paumes de vos mains. Prenez des morceaux de la pâte, de la taille d'une grosse noix et faites rouler chacun entre les paumes des mains pour faire des boules. Pressez légèrement pour aplatir et avec l'index faites un trou au centre de chacune.
Jetez la moitié des boules dans une poêle contenant de l'huile tiède. (Ne remplissez pas la poêle complètement.)
Mettez la poêle sur feu moyen et faites les frire des deux côtés. Egouttez bien et jetez dans le sirop. Laissez pendant 15 minutes.
Répétez le même procédé pour l'autre moitié de la pâte, en laissant refroidir l'huile un peu entre chaque friture.

FIRIN SÜTLÂÇ
RIZ AU LAIT GRATINÉ

Préparez le riz au lait tel qu'on explique ci-dessus. Versez dans des coupelles au four. Mettez au four moyen jusqu'à ce qu'ils soient dorés. Laissez refroidir avant de servir.

SÜTLÂÇ
RIZ AU LAIT

8 verres de lait, $1^1/_2$ verres de sucre,
1 tasse de riz, $^1/_4$ tasse de farine de riz,
$^1/_4$ tasse de fécule de blé,
1 c.t. de sel, cannelle

Faites cuire le riz dans 1 verre et demi d'eau. Faites boullir le lait avec du sel. Ajoutez le riz (sans égoutter) et laissez mijoter.
Mettez la fécule et la farine de riz dans un bol. Ajoutez lentement 3/4 de verre d'eau, en remuant tout le temps, pour obtenir une pâte lisse. Ajoutez cela au lait bouillant. Faites cuire pendant 10 minutes, tout en remuant.
Ajoutez le sucre et laissez cuire jusqu'à ce qu'il prenne consistance.
Versez dans des coupelles. Laissez refroidir. Saupoudrez de cannelle.

Riz au Lait

TAVUKGÖĞSÜ
POUDING AU BLANC DE POULET

7 verres de lait,
$1^1/_2$ verres de sucre,
3/4 tasse de fécule de blé,
$1^1/_4$ tasses de farine de riz,
$1^1/_2$ verres d'eau,
$^1/_2$ c.t. de sel,
$^1/_2$ blanc de poulet
cannelle

Faites cuire le blanc de poulet jusqu'à ce qu'il soit bien tendre.
Découpez-le à la largeur en morceaux de 5 cm.
Frottez les morceaux entre les paumes des mains pour les reduire en filaments très minces.
Lavez les filaments 3 ou 4 fois dans l'eau chaude, en changeant l'eau chaque fois et pressez dans les paumes des mains pour égouttez bien.
Mettez le lait, le sucre et le sel dans une casserole. Faites bouillir et laisser mijoter.
Mettez la fécule et la farine de riz dans un bol. Lentement faites couler du lait bouillant, tout en tournant, pour obtenir une pâte lisse. Ajoutez-la au lait et faites cuire jusqu'à ce qu'il prenne consistance, en remuant tout le temps. Ajoutez au blanc de poulet 4 ou 5 cuillerées à

soupe de lait bouillant.
Mélangez bien avec une fourchette. Ajoutez cela au pouding.
Faites cuire sur feu doux, tout en tournant. (Pour vérifier la consistance du pouding : versez une cuillerée à soupe du pouding dans un plat. Laissez refroidir et renversez. Il doit se détacher du plat facilement sans être collé.)
Versez tout dans un plateau sec de 2 cm de profondeur.
Laissez refroidir.
Découpez en carrés de 10 cm. Faites rouler chacun à l'aide d'une spatule.
Disposez-les sur un plat de service et saupoudrez de cannelle.

KEŞKÜL
PUDDING AUX AMANDES

8 verres de lait, $1^1/_2$ verres de sucre, 1 verre d'amandes, 1 verre d'eau, $1^1/_4$ tasses de farine de riz, $^1/_2$ c.t. de sel, Pour décorer : 2 c.s. d'amandes, 2 c.s. pistaches

Faites bouillir 1 verre d'amandes dans 1 verre d'eau. Enlevez les peaux et moulez-les deux fois. Ensuite broyez-les au pilon pour obtenir une pâte.
Ajoutez 1 verre de lait chaud. Mélangez bien et tamisez.
Faites mijoter 7 verres de lait avec une pincée de sel.
Mettez la farine de riz dans un bol. Ajoutez lentement 1 verre d'eau, en remuant tout le temps, pour obtenir une pâte lisse. Faites couler dans le lait bouillant. Faites cuire sur feu moyen pendant 10 minutes, toujours en remuant. Ajoutez le sucre et le lait aux amandes. Faites cuire jusqu'à ce qu'il s'épaississe. Versez dans des coupelles. Laissez refroidir. Décorez avec des pistaches et amandes écrasées.

UN HELVASI
HALVA DE FARINE

250 gr. de farine, 1 c.s. de pignons, 125 gr. de beurre, 250 gr. de sucre en poudre, 2 verres d'eau ou de lait, Vanille

Faites fondre la margarine dans une casserole. Ajoutez la farine tamisée et faites revenir sur feu doux, en remuant tout le temps pendant 30 à 40 minutes.

Pouding au Blanc de Poulet

Ajoutez l'eau ou le lait chaud et la vanille. Remuez, couvrez et laissez sur feu très doux pendant 15 à 20 minutes.
Ajoutez le sucre y mélangez bien. Couvrez et laissez reposer pendant 1 heure. Prenez des cuillerées à soupe de la halva et disposez-les dans un plat de service.

BAKLAVA
PATISSERIE DE PÂTE FEUILLETÉE EN LOSANGES

250 gr. de farine, 2 œufs, 1 c.t. de sel,
1 c.t. d'huile d'olive, 200 gr. de fécule,
1 verre de margarine fondue,
11/2 verres de noix, ou pistaches écrasées,
3 verres de sucre, jus d'un 1/2 citron

Tamisez la farine. Mettez au centre les œufs, du sel et un 1/5 de verre d'eau. Mélangez et pétrissez pendant 15 minutes. Recouvrez d'un linge humide et laissez reposer une 1/2 heure. Huilez la pâte. Pétrissez de nouveau pendant 15 minutes. Découpez en 8 morceaux égaux et saupoudrez chacun de fécule.
A l'aide d'un rouleau à pâtisserie, étendez chaque morceau de pâte pour obtenir des disques de 15 cm de diamètre. Saupoudrez chacun de fécule et placez tous ensemble, l'un sur l'autre. Laissez reposer pendant 15 à 20 minutes.
Etendez les disques tous ensemble pour faire un disque plus grand. Séparez les disques de pâte, saupoudrez chacun de fécule et étendez le plus fin possible (presque transparent).
(On peut étendre les disques de pâte tous ensemble, l'un sur l'autre. Mais il faudra les altérner chaque fois, autrement les disques à l'extérieur deviendront plus grands, tandis que

Patisserie de Pâte Feuilletée en Losanges

les disques à l'intérieur resteront plus petits).
Mettez les feuilles de pâte l'une sur l'autre et coupez-les de la même taille que le moule de four.
Beurrez le moule. Placez 4 feuilles de pâte, en arrosant chacune de margarine fondue. Etalez les noix ou les pistaches écrasées. Placez le reste des feuilles, toujours en arrosant de margarine fondue. Découpez la pâte jusqu'au fond en losanges de 4 à 5 cm. Mettez au four moyen pendant 1 heure, jusquà ce qu'ils prennent une teinte bien dorée.
Pendant ce temps, faites bouillir le sirop et laissez mijoter 15 minutes.
Retirez le moule du four. Laissez reposer 10 minutes. Beurrez légèrement. Versez lentement le sirop par-dessus.
Laissez refroidir avant de servir.

ZERDE
RIZ DOUX AU SAFRAN

125 gr. de riz, 6 verres d'eau,
$1^{1}/_{4}$ verres de sucre,
1 c.s. d'arrow-root,
2 pincées de safran, Pour décorer :
1 tasse de raisins de Corinthe,
1 tasse de pignons, 1 grenade

Lavez le riz. Faites cuire dans l'eau avec le sucre pendant 20 á 25 minutes.
Laissez reposer le safran dans 1 verre d'eau. Ajoutez cela au riz.
Diluez l'arrow-root dans $^{1}/_{2}$ tasse d'eau. Ajoutez au riz et mélangez bien. Faites cuire sur feu moyen pendant 20 à 30 minutes, jusqu'à ce qu'il s'épaississe.
Versez dans des coupelles. Laissez refroidir. Décorez avec des pignons, des raisins et des graines de grenade.

HURMA TATLISI
PATISSERIES EN FORME DE DATTE

240 gr. de farine, $^{1}/_{2}$ verre d'eau,
85 gr. de margarine fondue, $^{1}/_{2}$ c.t. de sel,
$1^{1}/_{2}$ verres d'huile,
Pour le sirop :
$1^{1}/_{4}$ verres de sucre, 1 verre d'eau,
1 c.s. de jus de citron

Faites bouillir le sirop et laissez mijoter pendent 15 minutes. Laissez refroidir.
Faites fondre la margarine dans une casserole. Ajoutez de l'eau et du sel. Laissez bouillir et retirez du feu.
Laissez reposer 4 à 5 minutes. Ajoutez de la farine tamisée et mélangez bien pour obtenir une pâte. Découpez-la en morceaux de la taille d'une petite noix. Faites rouler chacun entre les paumes des mains pour faire des boulettes. Pressez chacun sur un tamis pour l'aplatir et pour y empreindre la forme du tamis. Faites rouler chacun pour leur donner une forme de datte.
Jetez la moitié dans une poêle contenant l'huile tiède.
Mettez la poêle sur feu moyen et faites les frire jusqu'à ce qu'ils soient bien dorés. Egouttez bien et jetez-les dans le sirop. Laissez reposer pendant 15 minutes.
Répétez le même procédé pour l'autre moitié de la pâte.

TULUMBA TATLISI
BEIGNETS CANNELÉS

30 gr. de margarine fondue,
$1^1/_2$ verres d'eau, 230 gr. de farine,
4 œufs, $^1/_2$ c.t. de sel,
$1^1/_4$ verres d'huile,
Pour le sirop :
2 verres de sucre,
13/4 verres d'eau, Jus d'un
$^1/_2$ citron

Faites bouillir le sirop et laissez mijoter pendant 15 minutes. Faites fondre la margarine dans une casserole. Ajoutez de l'eau et du sel. Lorsqu'il commence à bouillir, ajoutez la farine et mélangez bien. Faites cuire sur feu doux pendant 6 ou 7 minutes, en remuant tout le temps avec une cuillère en bois. Laissez refroidir. Ajoutez les œufs et pétrissez pendant 10 minutes. Mettez la pâte dans une poche à pâtisserie et pressez pour laisser tomber dans l'huile tiède des morceaux de pâte cannelés de 4 à 5 cm. (Ne remplissez pas la poêle complètement). Mettez la poêle sur feu moyen et faites les frire en remuant de temps en temps. Egouttez bien et jetez-les dans le sirop refroidi. Laissez pendant 15 minutes.

Egouttez et disposez-les sur un plat de service.

Beignets Cannelés

EKMEK KADAYIFI
"KADAYIF" DE PAIN

1 "kadayıf" (une gross galette qu'on vend dans les boutiques spéciales), 6 ou 7 verres d'eau chaude, Pour le sirop : 4 verres de sucre, 4 verres d'eau, jus d'un 1/2 citron, "kaymak" (crème au lait de buffle)

Faites bouillir le sirop et laissez mijoter pendant 20 minutes.

Placez le "kadayıf" dans un plateau rond, 5 ou 6 cm plus grand que la galette. Versez l'eau chaude et laissez reposer 20 minutes jusqu'à ce qu'elle se gonfle.

Pressez avec une serviette en papier pour faire absorber l'excès d'eau.

Versez le sirop par-dessus. Mettez le plateau sur le feu moyen et faites cuire pendant 30 à 40 minutes, en tournant le plateau de temps en temps, jusqu'à ce qu'il commence à se caraméliser audessus.

Laissez reposer 15 à 20 minutes (ne laissez pas refroidir complètement, autrement il se collera au fond). Renversez-le sur un plat de service.

Laissez refroidir; servez accompagné de "kaymak".

LOKMA
BOULETTES DE BEIGNET

200 gr. de farine, 200 gr. d'eau, 1 c.s. de beurre, 30 gr. de levure, 1/2 c.t. de sel, 1 verre d'huile, cannelle, pour le sirop: 1 3/4 verres de sucre, 1 1/2 verres de d'eau, 1 c.t. de jus de citron.

Faites boullir le sirop et laissez mijoter pendant 15 minutes. Laissez refroidir.

Mettez la farine dans une casserole. Mettez au

centre la levure, le beurre fondu et le sel. Mélangez-les et ajoutez lentement de l'eau. Tournez bien pour obtenir une pâte molle. Laissez reposer dans un endroit chaud pendant 1 heure. Chauffez l'huile. Prenez une poignée de la pâte. Pressez et laissez sortir, entre le pouce et l'index, un morceau à la taille d'une noisette. Découpez cela à l'aide d'une cuillère mouilliée et jetez dans l'huile chaude.
Répétez le même, en mouillant la cuillère chaque fois, pour obtenir 7 ou 8 boulettes. Faites-les frire légèrement, en remuant de temps en temps. Retirez à l'aide d'une écumoire et égouttez-les bien.
Lorsque toutes les boulettes sont frites, faites-les frire la deuxième fois jusqu'à ce qu'elles soient bien dorées. Egouttez bien et jetez-les dans le sirop. Retirez du sirop et servez-les saupoudrées de cannelle.

Boulettes de Beignet

REVANİ
GATEAU À LA SEMOULE

250 gr. de semoule fine, 50 gr. de farine, 250 gr. de sucre, 60 gr. de beurre, 9 œufs, zeste de citron rapé, 100 gr. d'amandes, 1 pincée de sel, pour le moule : 1/2 c.s. de beurre, 1 c.s. de farine, pour le sirop : 4 verres de sucre, 3 1/2 verres d'eau, jus d'un 1/2 citron

Beurrez un moule à gateau de 24 ou 25 cm de diamètre et saupoudrez-le de farine.
Faites bouillir les amandes dans 1 verre d'eau. Egouttez et enlevez les peaux. Hachez-les avec un couteau. Séparez les jaunes d'œufs des blancs. Battez les blancs avec une pincée de sel. Battez les jaunes avec le sucre et le reste de citron rapé, pendant 7 à 8 minutes, pour obtenir une pâte crémeuse.
Mélangez la semoule avec la farine. Ajoutez-les aux Jaunes d'œufs. Mélangez bien. Ajoutez la mousse des blancs d'œufs et les amandes. Mélangez bien avec une cuillère en bois. Ajoutez du beurre fondu mais refroidi. Mélangez et versez dans le moule.
Mettez au four moyen pendant 1 heure jusqu'à ce qu'il prenne une teinte bien dorée.
D'autre part, faites bouillir le sirop et laissez mijoter 10 minutes.
Retirez le moule du four et versez le sirop bouillant par-dessus. Laissez refroidir. Renversez sur un plat de service (C'est encore mieux de le servir le lendemain.)

YASSI KADAYIF
"KADAYIF" APPLATIS

300 gr. de "yassı kadayıf"
(des petites crêpes spéciales),
4 œufs, 1 1/4 verres d'huile,
pour le sirop :
2 verres de sucre,
13/4 verres d'eau,
1 c.t. de jus de citron,
pour décorer :
125 gr. de noix écrassées.

Faites bouillir le sirop dans une bassine et laissez mijoter pendant 10 minutes. Laissez refroidir. Avec les ciseaux, découpez un 1/2 cm les bords des "kadayıf".
Chauffez l'huile dans une poêle.
Faites bouillir de l'eau dans une casserole.
Passez les "kadayıf" dans les œufs battus et faites-les frire sur feu moyen jusqu'à ce qu'ils soient dorés sur les deux côtes.
Egouttez bien, passez à l'eau bouillante et jetez dans le sirop refroidi. Laissez pendant 1 heure.
Disposez-les dans un plat de service. Saupoudrez de noix écrasées. Versez le sirop par-dessus et servez.

DİLBER DUDAĞI
LÉVRES DE BELLE

Préparez la pâte tel qu'on exlique dans la recette de "nombrils de dame" (page 106). La seule différence est la forme :
Prenez des morceaux de la taille d'une grosse noix et faites rouler chacun entre les paumes des mains pour faire des boules. Pressez pour aplatir et pliez en deux pour leur donner la forme des lèvres.

TEL KADAYIF
"KADAYIF" EN FILS

750 gr. de "tel kadayıf" (pâte sache en fils),
350 gr. de beurre,
2 verres de noix ou de pistaches,
écrasées, pour le sirop :
4 1/2 verres de sucre,
3 1/2 verres d'eau,
jus d'un 1/2 citron

Répartez la moitié du "kadayıf" dans un moule de 25 cm. de diamètre. Etalez les noix ou les pistaches écrasées et couvrez avec l'autre moitié du "kadayıf". Arrosez de beurre fondu.
Mettez au four moyen pendant 40 minutes, jusqu'à ce qu'il soit bien doré.
Faites bouillir le sirop et laissez mijoter pendant 5 minutes.
Retirez le moule du four. Egouttez l'excés du beurre. Versez lentement le sirop bouillant pardessus. Laissez refroidir avant de servir.

VEZİR PARMAĞI
DOIGTS DU VIZIR

Préparez la pâte tel qu'on explique dans la recette de "nombrils de dame" (page 106), sauf pou la forme : prenez des morceaux de la taille d'une grosse noix et faites rouler chacun entre les paumes des mains pour leur donner la forme d'un doigt.

YOĞURT TATLISI
GATEAU AU YAOURT

250 gr. de yaourt consistant,
250 gr. de sucre en poudre,
300 gr. de farine, 25 gr. de beurre,
3 œufs, 1/2 c.t. de levure chimique,
pour le sirop :
3 verres de sucre,
3 1/2 verres d'eau, jus d'un 1/2 citron

Battez le yaourt avec le sucre. Ajoutez les œufs, le beurre fondu, la farine et la levure chimique. Mélangez bien.
Versez la pâte dans un moule huilé de 3 ou 4 cm de profondeur. Mettez au four moyen pendant 45 à 50 minutes, jusqu'à ce qu'il soit bien doré. Faites bouillir le sirop et laissez mijoter pendant 5 minutes.
Retirez le moule du four et versez lentement le sirop bouillant par-dessus. Laissez refroidir. Découpes en cubes et servez.

KAYMAKLI KURU KAYISI
ABRICOTS SECS FARCIS À LA CRÈME

250 gr. d'abricots secs dénoyautés,
250 gr. de sucre, 1/2 tasse d'eau,
1 c.t. de jus de citron,
"kaymak" (crème au lait de buffle)

Mettez les abricots dans une casserole. Versez 6 verres d'eau tiède et laissez reposer 24 heures. Egouttez. Ajoutez du sucre, de l'eau et de jus de citron. Couvrez et faites cuire sur feu moyen pendant une 1/2 heure, jusqu'à ce que le sirop s'épaississe.
Laissez refroidir. Insérez un petit morceaux de "kaymak" dans chaque abricot. Disposez-les dans un plat de service avec les crèmes vers le haut. Versez le sirop par-dessus et servez.

İRMİK HELVASI
HALVA DE SEMOULE

500 gr. de semoule à gros grain,
250 gr. de beurre,
2 c.s. de pignons ou d'amandes pelées,
3/4 litre de lait, 2 verres de sucre, cannelle

Faites fondre le beurre dans une casserole. Ajoutez la semoule et les pignons ou les amandes. Faites revenir sur feu moyen, pendant 20 à 25 minutes, en remuant tout le temps avec une cuillère en-bois.
Réduisez le feu et versez le lait. Mélangez, couvrez et laissez mijoter sur feu très doux jusqu'à ce que le lait soit absorbé.
Ajoutez le sucre. Mélangez bien. Retirez du feu. Couvrez bien et laissez reposer pendant 1 heure. Mélangez bien et servez tiède.

GÜLLAÇ
DESSERT AUX GAUFRES DE RIZ
Pour 4 personnes

Le "güllaç" (gullatch) est une espèce de pâte de riz, sechée en feuilles très fines, que l'on trouve dans les épiceries, surtout pendant le mois de Ramadan.

10 gaufres, 1 1/2 lt. de lait,
400 gr. de sucre,
200 gr. de noix séches ou bien d'amandes,
1 c.s. d'eau de rose (facultatif),
50 gr. de pistaches hachées

Faites bouillir le lait. Ajoutez le sucre et faites-le dissoudre.
Versez le lait dans un plateau. Trempez chaque feuille de "güllaç" dans le lait jusqu'à ce qu'elle soit un peu tendre, étalez chacune sur le plan de travail, repliez les quatre bords vers le

centre, mettez une cuillerée à table de noix écrasées, pliez pour en faire des petits paquets, disposez-les dans un plat de service creux.
Versez le reste du lait au-dessus. Laissez reposer jusqu'à ce qu'il soit complètement absorbé. Arrosez de l'eau de rose et saupoudrez de pistaches finement hachées.

AYVA TATLISI
COINGS AU SIROP

1 kg. de coigns,
$1^1/_2$ verres de sucre,
2 ou 3 clous de girofle "kaymak"
(crème au lait de buffle)

Lavez et épluchez les coings. Découpez chacun en quatre et ôtez le cœur. Disposez-les côte à côte dans une bassine saupoudrée d'un $^1/_2$ verre de sucre. Mettez les clous de girofle et quelques pépins de coing. Saupoudrez du reste du sucre.
Couvrez et laissez mijoter sur feu très doux pendant 2 à 2 heures et demie, jusqu'à ce qu'ils prennent une teinte rougeâtre et deviennent légèrement caramélisés.
Laissez refroidir. Disposez dans un plat de service. Versez le sirop pardessus. Mettez un petit morceau de "kaymak" sur chaque tranche.

AŞURE
PUDDING AU BLÉ

250 gr. de blé, 50 gr. de riz,
50 gr. d'haricots secs, 50 gr. de fèves sèches,
50 gr. de pois-chiches,
100 gr. d'abricots secs,
100 gr. de figues sèches,
150 gr. de raisins de Smirne,
25 gr. de pignons,
25 gr. de raisins de Corinthe,
100 gr. de noisettes, 4 litres d'eau,
1 grenade, $^1/_2$ tasse de fécule de blé,
$^1/_2$ litre de lait, 3 verres de sucre

Laissez tremper séparément le blé, le riz, les haricots secs, les fèves et les poischiches dans l'eau toute la nuit. Egouttez-les. Faites cuire le riz dans la moitié de l'eau pendant 30 minutes. Passez au moulin électrique avec l'eau de cuisson. Faites bouillir le blé dans l'autre moitié de l'eau. Ajoutez l'eau au riz et faites cuire pendant $^3/_4$ d'heure jusqu'à ce que le blé soit tendre. Faites cuire les haricots secs, les fèves et les pois-chiches séparément. Egouttez-les.
Ajoutez au blé, du sucre et du lait. Diluez la fécule dans 1 verre d'eau. Ajoutez au pudding et faites bouillir, en remuant tout le temps, jusqu'à ce qu'il s'épaississe.
Ajoutez les haricots secs, les fèves, les poischiches, les raisins de Smirne, les raisins de Corinthe, les abricots et les figues découpés en morceaux. Laissez cuire encore 5 à 10 minutes et versez dans des coupelles.
Laissez refroidir et décorez avec des noissettes, des noix, des amandes, des pignons, des raisins de Corinthe, des raisins de Smirne et des graines de grenade.

Pudding au Blé

KABAK TATLISI
POTIRON CONFIT

1 potiron de 1 kg. et demi,
1 3/4 verres de sucre, 2 tasses d'eau,
1 verre de noix écrasées

Epluchez et épépinez le potiron. Découpez-le en tranches de 2 à 3 cm d'épaisseur. Disposer-les dans une bassine. Saupoudrez de sucre, versez de l'eau. Couvrez et laissez mijoter sur feu doux pendant 50 à 60 minutes, jusqu'à ce qu'elles soient bien tendres.
Laissez refroidir. Disposez dans un plat de service. Versez le sirop. Saupoudrez de noix écrasées et servez.

PORTAKAL PELTESİ
PUDDING-GELÉE AUX ORANGES

3 oranges, 1 1/2 verres de sucre,
1 1/2 litres d'eau, 100 gr. de fécule,
50 gr. de pistaches écrasées

Rapez les zestes des oranges dans 1 litre et demi d'eau. Laissez reposer pendant 1 heure. Otez les zestes. Ajoutez le jus des oranges et le sucre. Faites bouillir.
Diluez la fécule dans 1/2 verre d'eau. Lentement ajoutez au jus d'oranges et faites cuire pendant 8 à 10 minutes, en remuant tout le temps.
Versez dans des coupelles. Laissez refroidir. Décorez avec des pistaches écrasées.

Potiron Confit

LOKUM
LE "DÉLICE TURC"

Le "lokum" (lokoum) est une friandise traditionelle à base de sucre et de fécule de mais. On pense que la production de "lokum" remonte jusqu'au XVème siècle et qu'il a adopté sa recette actuelle au XIXème siècle. Autrefois, les ingrédients de "lokum" étaient le miel et le mou de raisin au lieu du sucre, et de la farine pour obtenir sa consistance. A partir du XIXème siècle, quand on a initié l'importation de sucre, il est devenu l'ingrédient essentiel et la farine était remplacée par la fécule de blé.
Actuellement, les ingrédients de "lokum" sont du sucre, de la fécule de maïs et de l'eau, cuits avec quelques fruits ou bien quelques arômes. La durée de cuisson varie entre une à deux heures, dépendant de la taille de la chaudière. Ensuite, la substance épaisse est versée dans des plateaux spéciaux en bois, saupoudrés de la fécule de maïs. La substance aussi est saupoudrée de la fécule. on la laisse refroidir pendant 24 à 48 heures, jusqu'à ce qu'elle obtienne une consistance souple. Puis on brosse la fécule, on la saupoudre de sucre glace et on la coupe en petits cubes.
En dehors du "lokum" au naturel, il y a une grande variété avec des fruits comme des fraises, des cerises, des citrons ou bien des oranges, avec des fruits secs comme des pistaches, des noix on bien des noisettes, et avec d'autre arômes comme le mastic, la vanille, la noix de coco, la menthe, la crème ou bien l'eau de rose. Dans les provinces, il y a d'autres types locaux.

Le "Délice Turc"

KURU ÜZÜM HOŞAFI
COMPOTE DE RAISINS SECS
Pour 6 personnes

300 gr. de raisins secs (de Smyrne),
250 gr. de sucre,
$1^1/_2$ lt. d'eau

Lavez et triez les raisins secs. Trempez les dans $1^1/_2$ lt. d'eau dans une casserole et laissez reposer pendant 10-12 heures.
Ajoutez le sucre. Couvrez et laissez cuire sur feu moyen pendant 5 minutes.
Laissez refroidir.

KAHVE
LA CAFÉ

Bien que cultivé pour la première fois au sud de la péninsule arabe, le café a été répandu en Europe par l'intermédiaire des Turcs. En quelques années, des locaux où on servait le café se sont multipliés à Istanbul et le café se fit place en peu de temps parmi les habitudes quotidiennes. Ainsi l'équipement nécessaire pour la préparation du café suivait le Sultan dans ses déplacements officiels et privés, et un responsable attitré de café fut ajouté au personnel de services des maisons riches. La loi ottomane musulmane par ailleurs alla jusqu'à prononcer le divorce contre le mari qui ne pourvoyait pas aux besoins de café de sa conjointe.
La préparation du café turc exige l'emploi d'un équipement spécial : une petite cafétière à longe manche, appelée "cezve", des petites tasses et un petit moulin à main. Les grains de café doivent être torréfiés et finement moulus. Il y a différentes tailles de "cezve", pour une, deux ou plusieures personnes, parce qui un bon café turc doit avoir d'écume au-dessus et on obtient pas un bon resultat si on prépare le café par example pour deux personnes dans une cafétière pour quatre.
Dans le "cezve" on met une petite tasse d'eau et une petite cuillèrée de café par personne, et autant de sucre qu'on veut. La quantité du sucre doit être indiqée d'avance : "az şekerli" (avec peu de sucre), "orta" (moyen) ou bien "şekerli" (avec assez de sucre). On remue à l'aide d'une petite cuillère et on porte à l'ébullition sur feu doux. L'écume doit être partagée entre les tasses au moment juste où il commence à déborder. On fait bouillir le reste encore une fois et on remplit les tasses.

Compote de Raisins Secs

La Café

ÇAY
LE THÉ

Le samovar est une espèce de bouilloire d'une forme gracieuse qui sert à préparer un bon thé. Il est d'un usage simple et pratique et il est un élément décoratif sur la table de thé. Posé sur un plateau, le tube intérieur fait office de cheminée et maintient l'eau bouillante grâce à la braise dans la partie inférieure. On pose la petite théière sur le sommet en cornet de ce tube.

On sert le thé dans des petits verres spéciaux afin que sa couleur claire soit nettement visible. Le thé bien décanté doit prendre son temps. La couleur, l'arôme, le goût sont autant de facteurs qu'il faut surveiller.

L'eau ne doit pas contenir du chlore ou de la chaux, autrement le thé risque de perdre sa couleur et devient opaque.

Quant à la théière, on la fabrique de différents materiaux, en métal, en terre cuite ou bien en porcelaine. Les connaisseurs recommandent la théière en porcelaine.

Le Thé

Le thé est largement cultivé en Turquie, dans la région de la Mer Noire depuis 70 ans et actuellement la Turquie est un pays exportateur de thé. Dans la théière, on met une cuillèrée à dessert de thé par personne et encore une pour la théière. Elle doit jamais être entièrement remplie d'eau bouillante, mais seulement jusqu'aux trois quarts, car se petit vide sert à donner l'arôme du thé que se dégage dans ses vapeurs pendant 10-15 minutes.

SALEP

Salep est un breuvage fortifiant et reposant, idéal pour l'hiver. Le salep est une substance tirée des tubercules desséchés de plusieurs espèces d'orchidées.

50 gr. de salep, 50 gr. de fécule de blé,
200 gr. de sucre, $1^1/_2$ lt. de lait,
1 tasse d'eau, Cannelle en poudre

Portez le lait à l'ébullition.
Mettez le salep, la fécule et le sucre dans un bol. Mélangez et peu à peu ajoutez une tasse d'eau, en remuant tout le temps, pour qu'il prenne la consistance d'une purée homogène. Ajoutez le mélange lentement dans le lait bouillant et laissez mijoter pendant 5 minutes. Versez le salep dans des tasses et servez chaud, saupoudré de cannelle.

AYRAN
YAOURT BATTU

"Ayran" est un breuvage populaire, très rafraîchissant en été. C'est du yaourt dilué battu avec du sel. On peut l'acheter dans des bouteilles ou bien des cartons, mais le meilleur est preparé à la maison.

$^1/_2$ kg. de yaourt nature,
sel, 2 verres d'eau

Battez le yaourt avec un peu de sel jusqu'à ce qu'il soit lisse. Peu à peu ajoutez de l'eau bien froide pour obtenir un liquide épais, en frappant tout le temps.

RAKI

"Rakı" est une boisson forte à l'alcool (45-50° d'alcool), très populaire en Turquie, obtenue par la distillation de l'alcool de raisin traitée d'anis. On pense que le mot "rakı" vient de "razaki", le nom d'une sorte de raisin utilisée à l'origine pour la production de "rakı".
Après la distillation on laisse le "rakı" reposer dans des fûts en bois de chêne pendant 1 à 3 mois, avant de le mettre en bouteilles.
Le "rakı" doit être pris sec ou avec de l'eau ou bien du soda. On le préfère avec de la glace. Il est servi dans des verres étroits cylindriques, soit comme apéritif, soit au cours du repas pour arroser les hors d'œuvres, les plats de viande et particulièrement les plats à base de produits de mer. Le fromage blanc qui est également une spécialité du pays et le melon sont des accompagnements presque inséparables du "rakı".

TÜRK ŞARAPLARI
LES VINS TURCS

La Turquie n'est pas un pays d'une grande production vinicole mais c'est un pays où on trouve facilement des vins de bonne qualité à des prix très raisonnables. Les marques comme Kavaklıdere, Doluca et certaines autres jouissent déjà d'une bonne réputation, sans parler d'un grand nombre de marques de vins de table très estimés.
Dans beaucoup de régions en Turquie, il existe des productions de vin. Les villes de Niğde, Nevşehir, Gaziantep, Elazığ, Tokat, Çanakkale,

Tekirdağ, İzmir, Bozcaada et Manisa sont connus par la qualité de leurs vins. Les espèces de raisins utilisées dans la fabrication de ces vins sont également connues : les raisins de Hasandere à Ankara, de Narince à Tokat, de Misket à İzmir, de Emin à Nevşehir, de Seminyon à Bozcaada. Il existe également d'autres espèces de raisins comme le Papazkarası de Kırklareli, le Kalecik d'Ankara, le Sergikarası de Gaziantep et le Öküzgözü d'Elazığ.
C'est au mois d'août et de septembre que les vendenges ont lieu généralement en Turquie et les activités de la production de vin commencent aussitôt. Un amateur de bons vins ne sera jamais déçu en Turquie, quelque soit la région où il se trouve.
En dehors de certains plats très épicés qui sont le propre des localités du Sud-Est de la Turquie, la cuisine turque proprement dite ne fait pas grand usage des épices. En prencipe one épice quelconque ne doit pas changer le goût d'un mets, elle doit se contenter de l'enrichir et de l'accentuer. Les épices utilisées dans la préparation des plats turcs sont :

Poivre pour les plats de viande et de légumes chauds.
Sumak sur les viandes grillées ou comme garniture, mêlé à l'oignon rapé, goût aigre, relève la saveur de la grillade.
Clou de giroffle confiture et mahallebi aux fruits.
Cannelle pour l'agneau en terrine ou sur les desserts au lait.
Yenibahar utilisé pour les farces à l'huile d'olive et parfois dans les boulettes.
Thym viandes grillées et préparations en terrine.
Cumin boulettes, certains légumes et saucissons.
Plantes potagères:
Persil très employé dans beaucoup de plats de viande et de légumes pour son odeur et son gout.
Roquette Ressemble de loin au cresson mais avec une odeur différente se mange ordinairement avec le poisson grillé sous forme de salade. Elle rend le poisson plus apétissant.
Menthe employée à l'état vert er à l'état sec dans certains breuvages plats et salades. Très aromatique.
Cresson petites feuilles vertes odoriférontes et piquantes qui assaisonnent certains plats de viande et qui agrémentent les salades.
Fenouil employé fréquemment dans les farces de viande et dans les beureks bien macéré avec le fromage blanc. Les fèves vertes cuites à l'huile d'olive ne sont jamais servies sans fenouil haché.
Poivron rouge couramment utilisé dans les plats de viande, de légumes, dans les soupes et potages et les saumures, pour son odeur et son piquant.
Feuille de laurier s'accorde parfaitement avec le poisson grillé.
Safran utilisé dans le zerde qui est une espèce de dessert à base d'amidon.
Cardamome employé dans les préparations de plats de viande en terrine peut également être ajouté au café.
Mahlep employé dans les macarons, des petits gâteaux au lait pour son odeur car il provient d'une plante.
Paprika épice forte et piquante employée dans les plats de viande et légumes.
Vanille odeur très recherchée pour les desserts, muhallebi et autres.